书山有路勤为径，优质资源伴你行
注册世纪波学院会员，享精品图书增值服务

A类人才

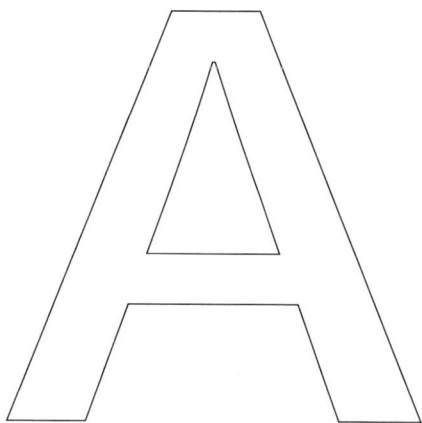

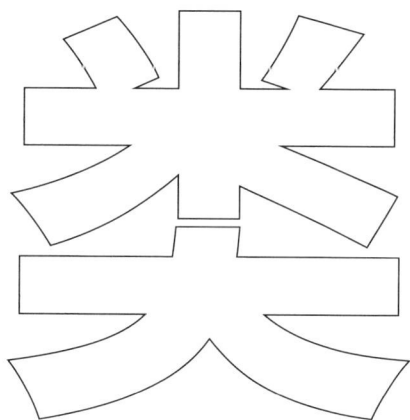

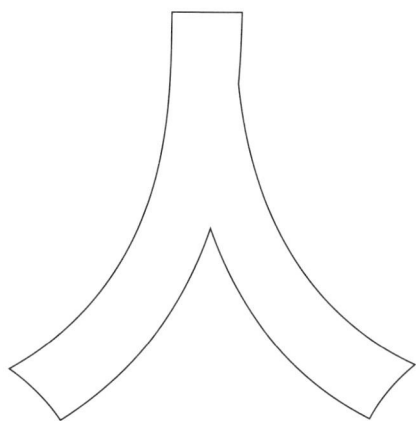

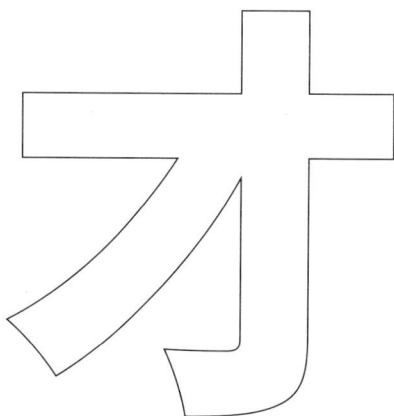

从组织社会到网络社会的人才法则

A Player: Rules for New Talent in Network Society

秦弋　刘东畅　窦凯◎著

电子工业出版社·
Publishing House of Electronics Industry
北京·BEIJING

图书在版编目（ＣＩＰ）数据

A 类人才：从组织社会到网络社会的人才法则 / 秦弋，刘东畅，窦凯著 .— 北京：电子工业出版社，2022.1

ISBN 978-7-121-42550-9

Ⅰ.①A… Ⅱ.①秦… ②刘… ③窦… Ⅲ.①人才成长—研究 Ⅳ.① C961

中国版本图书馆 CIP 数据核字（2021）第 266002 号

责任编辑：吴亚芬

印　　刷：三河市鑫金马印装有限公司
装　　订：三河市鑫金马印装有限公司
出版发行：电子工业出版社
　　　　　北京市海淀区万寿路 173 信箱　　邮编：100036
开　　本：720×1000　1/16　　印张：11.5　　字数：166 千字
版　　次：2022 年 1 月第 1 版
印　　次：2022 年 1 月第 1 次印刷
定　　价：59.00 元

凡所购买电子工业出版社图书有缺损问题，请向购买书店调换。若书店售缺，请与本社发行部联系，联系及邮购电话：（010）88254888，88258888。

质量投诉请发邮件至 zlts@phei.com.cn，盗版侵权举报请发邮件至 dbqq@phei.com.cn。

本书咨询联系方式：（010）88254199，sjb@phei.com.cn。

不卷不躺的 A 类人才，颠覆层级、反抗 "996"

程明霞

由新书店主理人，腾讯研究院前助理院长，《哈佛商业评论》中文版前副主编，《经济观察报·书评增刊》前主编

A

这本书真是个惊喜。惊喜有二：

首先，惊喜于这些年来虽然我们各自奔忙、分隔在不同城市、联络并不多，秦博士、东畅、窦凯三位老友，竟然在工作之余不倦思考、默默创作，捧出一本原创著作。

其次，惊喜于这本著作的主题，恰是我一直以来的兴趣所在，关于个体与社会。而三位作者在"人才"与"社会"前面所加的定语，"Ａ类"与"网络"，在我看来，简直不能更准确和精彩了。

所以，单是"网络社会"与"Ａ类人才"这两个概念，就足以让我眼前一亮，足以让这本著作值得被认真阅读。

我们可以有很多词描述和定义这个后工业时代。

从技术角度，我们可以叫它：信息社会、数字社会、智能社会等；从社会特征角度，我们可以叫它：剧变社会、黑天鹅社会、高风险社会等。总之，自20世纪末至今，互联网和信息技术带来的全球范围内的经济、政治、组织、个人工作场景与生活方式的大变局、高风险、不确定性，是这个时代不同于工业时代的真实图景。

但我一直更乐意用"网络社会"这个词。我觉得"网络社会"的含义完美地综合了上述两种定义方式，既包含了带人类进入这个新时代的核心技术因素，也描述了相比之前的时代，人类遭遇的前所未有的感受和状态。

大思想家卢梭曾有名言："人生而自由，却无往不在枷锁中。"几年前，当我在腾讯研究院开始互联网与社会的研究与思考时，就意识到，卢梭的名言在这个时代或许可以更新为：人生而自由，却无往不在网络中。

虽然人类社会的网络关系自人类社群形成就存在，但直到互联网技术和产品服务近些年来的大爆发，才让人类社会活动网络的深度、广度、互动的复杂性，如此清晰地呈现出来，如此深刻又不着痕迹地影响着我们每个人的认知、情绪和行动。最近，复杂科学家第一次获得诺贝尔奖，也是一种证明。

但我个人关于网络社会的思考其实仍然十分模糊、零零散散。很开心三位作者在书中既借鉴了曼纽尔·卡斯特等社会学、管理学大咖、硅谷研究者的思想资源，也结合自己对中国社会、互联网公司的观察与思考，并且对比德鲁克定义的"组织社会"，更详尽地解释了网络社会如何而来、特征何在。其中很多洞见，让我觉得既有共鸣，又有启发。比如，作者说，官僚层级其实存在于人心，而不在于组织结构图。

如果说对"网络社会"的描述展示了三位作者开阔的视野、对时代变迁的敏锐感知，那么对"A类人才"的全方位、深度阐述，则凸显了作者们扎实、专业的管理学研究功底。虽然"A类人才"这个词来自乔布斯，但是对"A类人才"的定义与识别，这类人才之于组织、社会、创新、工作的意义，大概是这本书最核心的价值贡献。

人类刚刚步入其中的"网络社会"，其实生发出了无数重大的问题和重要的命题，如经济与社会的脆弱性、原有权力的瓦解与流动、法律与治理的挑战、科技伦理等，但是三位作者最终将他们对网络社会的关注点放在了对"个体"的关照：每个人如何发挥潜力、实现自我，而不是被组织和官僚体制所束缚和压抑，牺牲个人诉求和特质，沦为组织的工具。这不仅是管理学存在的意义，也是一种人文主义关怀。

按作者们书中的逻辑，"网络社会"的形成是"A类人才"得以爆发和施展才华的土壤，而"A类人才"是对个人才华与尊严的回归，是个人与组织和社会建立一种共赢的、更良好关系的基础，也是创新的源泉与希望所在。

从这个意义上说，作者将网络社会最需要的人才定义为"A类人才"是否最恰切，并不是最重要的。重要的是，我们确实需要将每个人的才华、激情和创造力，从压抑、冷酷、剥夺和异化人才的官僚体系中解放出来。

我非常喜欢作者们在书中洋溢着的硅谷式的乐观主义与理想主义。但是我必须说，无论对"网络社会"是否能够更加解放人，而不是带来新的奴役与束缚，还是"A类人才"是不是解放人才的最优解，我都抱有疑虑。

首先，我觉得"A类人才"的定义，还需要更加清晰、凝练、性感，而且最好避免"A类人才"成为另一种精英标签，而应该让"A类人才"成为一种状态、一种特质，就好像是血型或者大五人格，而不要让人们误解"A类人才"是高于其他人类的一种存在。

其次，正如作者们所说，如果官僚层级其实在人心而不在架构，那么，如何让"网络"也在人心，而不仅是物理存在，就是更困难的事了。因为我们明明看到，站在技术最前沿的科技巨头们，既创造了社交媒体、丰富的网络服务体验，也创造了"996"、唯数据与流量导向、没有厕所自由的"大厂文化"。

自由始终是人类的向往。束缚却似乎永远是社会的现实。希望作者们的乐观主义和理想主义都实现，希望A类人才在网络社会的能量释放，真正能够最大限度地颠覆层级、打破"996"魔咒，让每个"无往不在网络中"的人，都能在内卷和躺平之间，找到施展自己才华的辽阔地带。

前　言

搬开管理层级的大山

组织社会和被压抑的人才

有一天，公司新招的应届毕业生说，她在团队里总是小心翼翼的，感觉团队氛围有点压抑。有些事情她觉得不合理，但不敢直接说出来。这让我感到很惊讶。我们是一家初创公司，团队里只有几个人。我们一直觉得自己在塑造一种打破层级的平等交流的氛围，但是因为每个人所处的位置和阅历不同，所以仍然会让一些刚步入职场的人感受到层级的压力。这让我想到，在我曾经工作或合作过的许多组织中，无论是大型公司还是小型团队，组织里的员工都无一例外地感受到层级的压力，这种压力禁锢了员工的想法、创意和自由，让他们如履薄冰、畏首畏尾。每个人都像被压在五行山下的孙悟空一样，蜷缩在一层层管理者的大山下，在狭小的空间里腾挪。

1946年，彼得·德鲁克（Peter Drucker）将他在通用汽车公司的研究成果汇总成《公司的概念》一书，明确提出了人类社会正在进入以组织为主体的社会，即组织社会。在进入组织社会之前，人们大都是为自己工作的，他们的职业大多为农场主、手工业者、律师、医生、小店主等。然而，在组织社会，大多数人都是某个组织的雇员。组织是为了实现社会目的而存在的，是社会的工具和器官。因此，在组织社会中存在层级带来的不平等、压力和对个人自由的束缚。组织为了实现高效的分工和协作，往往会牺牲人才的自由和创造力。

早在20世纪50年代，耶鲁大学的管理学家克里斯·阿吉里斯（Chris Argyris）就在《个性与组织》一书中指出组织是反人性的，它通过层层的命令链控制着人的个性，让人不得自由。高层管理者站在管理层级的顶端，举目四望，常常觉得公司没有人才。然而，从基层员工的角度来看，很多人常常觉得自己有很多才能无法施展。这是层级制组织固有的矛盾。

网络社会和A类人才的出现

自20世纪90年代以来，随着信息技术的发展，人类社会进入了网络社会。社会结构发生了天翻地覆的变化，每个人都不可避免地被裹挟其中。弹性生产制、目标与关键成果法（Objectives and Key Results，OKR）等组织管理创新和矩阵式组织、平台化组织等组织架构创新层出不穷，让人眼花缭乱。然而，人们逐渐发现，无论采用怎样先进的信息技术，无论管理措施和组织架构如何变化，只要人们的意识不发生变化，这些管理创新就不能发挥作用。而如果人们的意识发生了变化，那么即使是"传统"的层级制组织也未必能对人们形成束缚。例如，在电影《肖申克的救赎》里，瑞德和安迪形成了强烈的对比。走出监狱的瑞德无法适应社会，宁愿重回高墙之内。而身处监狱的安迪，即使身体被高墙监禁，仍然心怀自由。层级存在于人们的心里，而不是在组织架构图上。例如，通过微信群这个再普通不过的沟通工具，组织中不同层级的人能够即时、顺畅地沟通，打破公司的垂直管理体系。然而，这也会带来越级管理、指令混乱的问题。每个个体都需要在组织的垂直、固化的管理体系和网络灵活、机动的协作机制中取得平衡，否则会严重影响工作效率。

2020年，在和几位朋友的研讨中，我们逐渐意识到，网络社会的社会结构已经发生了变化，并促使组织结构和管理方式发生变化。然而，如果组织和个人不转变人才观点，就无法适应网络社会的社会变革。德鲁克管理体系下"组织是社会的器官"这个观点需要修正。在网络社会，越来越多的人才不再依附组织而生存，而是和组织一样，都是社会的器官，是社会的基本单元，是社会网络的节点。人们对人才的观念需要经历一场系统的变革。

传统的组织社会强调专业、尽责、服从、标准化的人才观念，这已经难以适应这个高度连通、密切互动的网络社会。如果人才观念不发生变化，技术驱动的一系列转型，如传统企业转型、数字化转型，都无法落地。在技术和人的共生演化关系中，我们明显感觉到，人才观念的发展已经严重滞后于网络技术和网络社会的发展需求。这一问题并不是只依靠"80后""90后""00后"这样自然的代际变迁就能解决的，而是需要一场系统的、有组织的、新的人才观念的觉醒和变革，社会、企业、个人需要形成关于人才的新共识。

在反复的研讨中，我们发现，A类人才应当成为网络社会最重要的人才观念。A类人才的概念源自史蒂夫·乔布斯（Steve Jobs）在20世纪90年代接受的一次访谈。乔布斯发现，社会中存在少数能够创造远超他人价值的人才，他把这类人才称作A类人才（A player）。在乔布斯洞见的基础上，我们进一步深入探索了A类人才的本质。我们认为，A类人才代表着一种超越层级制的人才观念：一个人创造的价值与其所在层级无关；在网络社会，即使处在同样的层级，个体创造的价值也可能相差十倍、百倍。乔布斯的这一超前洞见，已经在越来越多的网络社会中得到了验证。无论是领先的科技公司，还是传统的制造业，都给了人才更大的空间，以使其发挥超越层级的价值，这已经成为企业的共识。然而，迄今为止，还没有一本书系统地阐述A类人才，深度剖析A类人才现象的来龙去脉，解读A类人才的本质，以及为实践者提供一个系统的、以A类人才为核心的管理框架。

本书的框架、原理和实践

本书从网络社会视角出发，系统地剖析了A类人才现象。前4章搭建了一个简单、好用的A类人才模型。在第1章，我们提出，A类人才的产生是从组织社会到网络社会转型的结果，概括了A类人才产生的条件和A类人才画像。在第2章，我们深入分析了中国的A类人才，并指出中国正在进入一个A类人才爆发的时代。在第3章和第4章，我们分别对A类人才得以成长的创新网络环境和A类人才画像做了详尽、深入的分析和描述。在第5章至第8章，我们进一步应用A类人才分析框架，搭建了一套A类人才管理实践的方法体系，包括A类人才的职业发展策略、以A类人才为中心的人才管理体系、A类人才的组织管理方法，以及A类用户的价值和管理。

需要特别说明的是，在第8章，我们超越了以往人才管理的内部视角，把用户和内部员工一样也视为组织重要的价值创造者。我们把少数能够创造远超其他用户价值的用户称为A类用户。在这一点上，组织外部的A类用户和组织内部的A类人才是一样的，都是组织价值创造的主要来源。只是由于人才通常指组织内部的成员，所以我们把以用户身份存在于组织外部的这些人才称为A类用户。组织需要意识到A类用户拥有越来越重要的价值，并应通过恰当的管理策略发挥他们的价值。

过去十多年，我们一直是人才管理一线的实践者和研究者。本书的作者们参与了华为、阿里巴巴、大疆创新等多家顶尖公司人才管理体系的搭建，也研究过各种不同类型公司的人才管理实践。我们深刻地感受到了从组织社会到网络社会转变的浪潮，以及每个身处其中的人的迷惑和困顿。本书希望帮助每个想要追求卓越、实现自己潜能的人看清方向和趋势。

本书写给每个深受组织层级压制、想要创造更大价值的个体，无

论是初入职场的新人还是久经职场的老将，无论是基层员工还是高层
管理者，无论是业务部门的管理者还是人力资源部门的专家，无论是
身处"北上广深"一线城市的人还是身处十八线小县城的人。层级制
是社会组织根深蒂固的形态，但是快速发展的网络社会把个体的力量
连接在了一起，让网络社会中的个体能够通过组合创新创造出巨大的
价值。在本书中，我们希望提炼出 A 类人才的规律和原则，帮助包括
我们自己在内的每个人搬开压在头顶的层级制大山，释放潜能。希望
本书提出的这套体系框架既可以帮助读者分析自身能力的长短板，突
破职业发展的瓶颈，实现可持续的价值创造；也可以帮助组织识别和
发展高潜力人才，搭建高管团队，优化人力资源体系，组建高品质的
用户社群。

本书的诞生过程

本书既吸收、继承了西方管理学的经典思想和以硅谷为代表的管
理创新，又扎根于跨行业、跨地域的中国本土管理实践，是一个从深
圳发端，贯通中西，连通理论和实践的创新网络的成果。2014 年，一
群来自华为、腾讯、大疆创新、华润、万科、马斯菲尔、莱蒙国际、
南山地产等公司的小伙伴们，通过和《哈佛商业评论》及硅谷华人创
新社群 Founders Book Club 的连接，激发了强烈的学习、传播和探讨前
沿人才管理创新的愿望。两年内，我们在线下做了 50 多场沙龙，探
讨了大量人才管理的前沿议题。七年内，我们看到这张创新网络仍然
在持续生长，持续讨论管理创新和最新案例，连接新的网络节点，不
断带来新的信息，创造新的合作机会。本书中大量具体的方法和策
略，都是对我们这些年讨论的案例的总结提炼。本书的三位作者都是
这个创新网络的发起者和核心成员，七年来的知识积淀和探索，让我
们逐渐从学习模仿，进入了 A 类人才这个西方人才管理思想和实践尚

未探索清楚的"无人区"。

本书是对西方管理思想和实践的致敬和学习，希望能够抛砖引玉，激发更多的研究者探索中国人才管理实践中遇到的问题，形成扎根中国、具有全球视野的理论和方法论体系。科学哲学家托马斯·库恩（Thomas Kuhn）在《科学革命的结构》（第四版）一书中说："社会科学的发展总是先被社会的发展所牵引，之后又来牵引社会的发展。"在以美国汽车行业大型组织兴起为标志的组织社会形成40多年后，37岁的德鲁克在研究通用汽车公司管理理念的基础上，写出了《公司的概念》一书，提出了关于组织社会和现代管理的思想。20世纪60年代至今的美国和20世纪90年代至今的中国兴起了网络社会变革，对组织和人才管理产生了剧烈的冲击。越来越多的人意识到，创造高价值的人才应当成为网络社会组织管理的中心。本书希望能够为网络社会搭建以人才为中心的管理体系提供坚实的思想和方法根基。我们希望每个人都能搬开压在头顶的层级制大山，释放自由，创造更大的价值，实现"天高任鸟飞，海阔凭鱼跃"的理想状态。

本书的诞生，要感谢《哈佛商业评论》中文版前副主编、由新书店主理人程明霞，以及硅谷风投基金FoundersX Ventures创始和管理合伙人、Founders Book Club创始人Helen Liang，和你们的相遇，激发了我们探索以《哈佛商业评论》为代表的前沿商业思想和硅谷管理创新实践的强烈愿望。感谢"茶聚智聊"创始团队的小伙伴们，包括余杰丰、刘姗、郑伟、于少新、李翼廷、任千里、吴亮，以及几年来与我们探讨的上百位小伙伴。深圳茶馆里的一场场思想交锋和案例交流，为本书的诞生奠定了扎实的根基。感谢ACE LIFE项目发起人尚书和一起参与该项目的小伙伴武保亮、陈军、夏元君、苏三娜、阚戈、廖金花、林恩仰、蒋丽霞、劳志光、林广发。因为你们的信任而成立的这个实验性人才培养项目，为本书贡献了许多有价值的创意和案例。感谢益策教育董事长李发海对本书提出的宝贵意见。感谢中国人民大学包政教授、和君集团董事长王明夫先生、北京大学汇丰商学院管理实践教授陈玮老师、北京大学经济地理系王缉慈教授、北京师范大学心理学部闫巩固博士、尚贤进邦咨询有限公司张昕老师，你们在组织管理、产业集群、人才管理和领导力方面的洞见为本书提供了重要的思想资源。最后，特别感谢电子工业出版社策划编辑吴亚芬在本书撰写过程中的大力协助。我们希望以本书为起点，和电子工业出版社一起，持续推动A类人才的研究，发现和培养更多的A类人才。

目录

CONTENTS

第3章

创新网络：A类人才的生态环境

第4章

A类人才画像：网络社会价值创造逻辑的变革

第5章

A类人才和职场瓶颈突破

第6章

以A类人才为中心的人力资源管理系统

第7章

A类人才的团队和组织

第8章

A类用户的价值和管理

第 1 章

网络社会的兴起和 A 类人才

什么是A类人才

1995年，乔布斯接受了美国公共电视网（PBS）记者罗伯特·X.克林格利（Robert X. Cringely）的采访。当时的乔布斯被逐出苹果公司，处于职业生涯的低潮期。在这份罕见的乔布斯公开采访录像中，他谈论了许多关于人才的观点，特别提到了一种叫作A类人才的人才。乔布斯观察到，在大多数行业中，平庸者和顶尖人才之间的价值差距通常只有两倍。而在软件和硬件行业，人才之间的价值差距可能有15倍甚至100倍，这是一种罕见的现象。乔布斯认为，自己的成功得益于发现了许多才华横溢、不甘平庸的A类人才。只要召集五个这样的人才，这些人才之间就会喜欢彼此合作；他们不再愿意和平庸者合作，而是召集和他们一样优秀的人才，自动扩大团队规模。这些人才的心思都在工作上，也知道自己很优秀，所以不需要呵护彼此的自尊心，只需要直截了当地讲出对方在哪里做得不够好就行了。

乔布斯对人才的定义颇为独特。事实上，不同的人对人才的定义各不相同，因为通常而言，在组织所处层级的高低会影响人们对人才的第一印象。一个组织通常是由自上而下的层级组成的。人们通常觉得处在较高层级的人比处在较低层级的人更加优秀。然而乔布斯的观察启发我们思考：处在同一层级的人，创造的价值是否有10倍甚至100倍的差距？如果创造的价值高于同层级人员100倍的人才大量出现，那么现有稳定的组织乃至社会结构都会受到冲击。例如，在一家公司，一名优秀的基层员工创造的价值可能比他的上级要高很多倍。那么这个上级如何指挥这名员工？如果上级与员工的思路出现差异，应该听谁的？如何给这名基层员工制定薪酬体系？

2014年，谷歌公司人力资源部负责人拉斯洛·博克（Laszlo Bock）在《重新定义团队：谷歌如何工作》一书里揭秘了谷歌公司的人力资源系统。这是一套为那些有能力在同样岗位上做出比他人高出10倍甚至100倍贡献的A类人才量身定制的人力资源系统，这些A类人才是谷歌公司的主要贡献者。博克指出，管理者常常容易低估员工的优秀能力，给予不足的奖励，"你最优秀的员工常常比你想象中的更加优秀"。在谷歌，主要贡献并不是由大批平均水平的员工通过数量优势而达成的，而是由少数精英员工通过强大的表现而实现的。为了给予优秀的员工足够的激励，谷歌公司采用极端薪酬政策，几乎每个级别的薪酬差异都很容易达到至少三倍，甚至两个同一级别的人，产生的影响和所得的奖励竟有100倍之差。谷歌公司还在薪酬系统中为"超级优秀"的员工预留了足够的薪资空间。在某些情况下，低级别岗位员工的收入要高于相对高级别岗位的员工的平均收入。

A类人才和创新网络

当代 A 类人才作为一种群体现象出现，与苹果公司和谷歌公司所处的硅谷反抗官僚体制的创新网络有密切的联系。硅谷有着深远的与官僚体制抗争的传统。2005 年，乔布斯在斯坦福大学毕业生演讲中提到自己曾受《全球概览》(*The Whole Earth Catalog*) 杂志的影响，并引用了这份杂志最后一期封底的"求知若饥，虚心若愚"(Stay Hungry. Stay Foolish) 作为格言。而这份由斯图尔特·布兰德 (Stewart Brand) 担任主编，只出版了四年 (1968—1972 年) 的杂志，其创立目标就是要从层级森严的官僚体制中"拯救世界"，保全和维护每个人的个性。斯图尔特·布兰德是一代硅谷人的精神导师，他毕业于斯坦福大学，深受保罗·艾里奇 (Paul Ehrlich) 的生态学观念影响，曾混迹于纽约的波西米亚艺术社群。他创立的《全球概览》不是一本普通的杂志，而是一个纸质化的网络论坛，是网络社会的雏形，为各种风格迥异的反主流文化、学术和技术团体在一个文本空间内搭建了桥梁，把这些背景各异的人组成网络，反抗层级森严的大型组织。

从 20 世纪 60 年代开始，硅谷致力于编织一张张创新网络，试图建立自由、开放、平等的新兴网络社会，互联网技术只是硅谷编织创新网络的技术手段。硅谷独特的创新网络吸引了大量人才和资金从成熟的美国东海岸转移到以硅谷为中心的美国西海岸，最终吸引了全世界认同这种文化和理想的人才集聚在硅谷。在硅谷发展初期，有一批像阿瑟·洛克（Arthur Rock）这样的风险投资先驱，致力于把美国东海岸的财富引导到硅谷的创新企业中，推动了风险投资产业的诞生。而埃隆·马斯克（Elon Musk）、彼得·蒂尔（Peter Thiel）等创业者从美国乃至世界各地集聚在硅谷，使硅谷成为全球人才密度最高的地方之一。

在硅谷，人才属于一张紧密连接、高速流动的创新网络，而不是嵌套在某家大公司等级制度中的一个零部件。长期以来，美国的经济和文化中心都集中在以华盛顿、纽约、波士顿、芝加哥为中心的东部地区。美国东海岸也曾经发展出了以128号公路为核心的创新产业集群带。然而这些大公司有着封闭保守的文化，权力集中，公司内部和外部边界清晰。这种结构使以128号公路为核心的创新产业集群带作为一个整体在竞争中逐渐落后于硅谷。在硅谷，打破科层制身份束缚的员工，以独立、自由的个体的身份，组成了一张巨大的创新人才网络。1994年，加州大学伯利克分校教授安娜利·萨克森宁（Annalee Saxenian）研究了128号公路和硅谷的文化差异，试图回答硅谷创新的文化基因。她发现，"持续的洗牌和再洗牌导致个人关系和网络价值的提升，硅谷工程师之间和他们对于推动科技进步目标的忠诚度高于对公司或行业的忠诚度"。硅谷风险投资家维克多·黄（Victor W. Hwang）在《硅谷生态圈：创新的雨林法则》一书中说道，创造性的重新组装——最高效率地快速聚集原子、解散、再聚合的能力——驱动了热带雨林中的经济价值。为了限制大公司垄断人才，加利福尼亚州甚至出台法律，禁止公司与员工签订竞业协议，以推动人才、思想、技术在不同公司之间流动。

对硅谷来说，信息技术产业的发展不只是为了获取财富，更是为了建立一个使人们可以打破身份等级、平等交流的全新的网络社会。这种反传统的文化和科技的结合，使硅谷一次次站在浪潮之巅，推动集成电路、计算机、互联网、移动互联网等一个个新产业的发展，也使硅谷不断采取与众不同的管理创新机制，打破传统科层制管理对人性的束缚。

近年来，最重要的管理创新实践几乎都以硅谷为策源地，逐渐传播到世界其他地方。对硅谷来说，这些管理创新实践植根于长期沉淀的追求平台、打破科层制的文化和硅谷式的理想主义。而对世界上其他缺乏这种文化土壤的地方而言，这些管理创新似乎难以想象。硅谷的公司率先发展了扁平化管理、OKR、合弄制、联盟式雇佣关系等一系列创新的人才管理机制，还发展了独特的、淡化身份的穿着风格。和华尔街"精英"的西装革履不同，硅谷的许多"科技新贵"平时就穿着T恤，看起来和普通人没什么区别。这些管理创新看起来都很奇怪，而且很难被整合在传统的管理教科书中，但是很受愿意尝试创新的管理实践者的欢迎。实际上，这些创新都是网络社会的先声，它们并不容易被纳入组织社会的管理体系中，需要切换到网络社会的视角，才能看清这些管理创新的本质，我们在后面的章节会对此做更深入的探讨。在这里，大家只需要关注一个要点：这些机制都是为了淡化科层制的身份，让个体的价值被最大化地释放出来。

从组织社会到网络社会的变革

....

从20世纪90年代开始，以硅谷的创新网络为中心，通过互联网技术革命形成了连接全球的网络，人类社会逐渐从组织社会时代进入网络社会时代，直到今天，我们还身处这场剧烈的社会变革之中。组织社会发源于20世纪上半叶，在20世纪下半叶逐渐成熟。伴随着工业技术的发展，大型组织成为社会的基本单元，组成了社会的器官。在组织社会之前，人类社会更多的是以家庭、手工业者、小店主等为社会的基本单元，并没有太多大型组织承担社会职能。

20世纪中期，管理学家彼得·德鲁克洞察到，跨越各个领域的大型组织，如企业、学校、医院等，发展非常迅速，这些组织内部需要有序的管理，包括设置岗位层级、良好的分工、调配内部资源，以实现共同的目标。德鲁克完整地经历了组织社会从兴起到成熟的过程，他看到零散的个体如何被吸纳进大型组织，每个人都成为组织的雇员，拥有组织的身份。到了20世纪90年代，随着互联网技术的爆发，全世界进入网络社会。20世纪90年代，在《网络社会的崛起》一书中，曼纽尔·卡斯特（Manuel Castells）指出，人类社会越来越碎片化、分散化，大型组织的权威越来越弱，人类社会将进入网络和自我对立的两极状态。在网络社会，个人的身份认同不再依靠大型组织而建立，而是在跨越组织的网络中建立新的身份认同。个体失去了组织社会中的稳定感，在网络中漂浮和不断重组。

自人类社会出现以来，网络就是人类社会的一种组织形式。人类具有彼此连接、交往、传递信息、扩散创新工具的能力。然而，网络一直是创新传播的渠道，而非协作创新的场所。在松散的网络中，人们更乐意传递信息，而非为了完成共同的目标而一起工作。而在清晰的目标引领下，通过严密的分工，组织比零散的网络具有更高的效率，这也是组织社会在 20 世纪上半叶取代家庭、手工业者和小店主的原因所在。实际上，在组织社会之前，存在着以本地家庭、亲朋为纽带的局部网络，组织社会的出现，是因为其能够更好地整合资源，通过更高效的分工创造价值。只有极少数拥有多元跨界、繁荣文化的地方，如汉唐时期的长安、文艺复兴时期的佛罗伦萨，才会因为背景不同、身份自由的个体聚集而形成具有协作创新能力的创新网络的雏形。

在硅谷和 128 号公路的竞争中，美国西海岸的网络社会之所以比美国东海岸的组织社会拥有更大的竞争优势，是因为硅谷独特的文化孕育出了一种充满活力的创新网络，不同领域的人才能够彼此相连，密切交流，形成协作。进而，由硅谷引领的网络社会变革，建立了一张全球化、彼此连通、无数创意相碰撞的创新协作网络。全世界的智力资源第一次被即时相连，地球成为一个村庄。在网络社会，并不是所有的部分都是创新协作网络，但创新协作网络是网络社会的灵魂，是网络社会优于组织社会的关键所在。如果没有创新协作网络，网络就是一盘散沙，缺乏组织的力量。在创新协作网络中，新思想、新观念层出不穷，人们的思想相互碰撞，新的创意不断涌现，在网络中形成了超越个人的集体智慧，产生了就连大型组织都无法比拟的惊人创新智慧。创新网络让大型组织逐渐放弃了控制的思想，走向开放，通过战略投资、开放创新平台等形式吸收网络中的智慧，弥补大型组织由于自身固有的层次架构所造成的创新能力缺陷。

创新网络的崛起，使硅谷在人类历史上第一次建立了一种全新的、覆盖全社会的人才观念：一个人所创造的价值与其所处的位置无关，并非只有身居高位才能发挥影响力。长期以来，在以等级制度为基础建立的组织社会中，个人所创造的价值取决于其在等级制体系中所处的位置。位置越高，拥有的资源越多，创造的价值也越大。在注重标准化的组织社会，等级制度日益强大，为了保证企业作为一个系统能够整齐一致地运作，企业花费了大量精力建立标准化体系，通过岗位限制了员工能够获取的信息和调动的资源，束缚了员工的绩效表现和潜能发挥。适应标准是人才最核心的能力，这和组织社会注重规模经济，用户消费场景静态、单一有密切关系。从泰勒的科学管理开始，全世界的工作被划分成一家家公司，一个个专业领域。每个人都是在其限定的身份中被评价，成为一个巨大系统中的"零部件"，即便是所谓的专家，也只是"高级零部件"而已。个体做得好与不好，有一个固定的标准，由他的上级或所在领域的专家评定。个体的工作成就是有上限的，受限于这个领域本身所划定的框架。

全新的人才观是A类人才这一概念诞生的思想和实践根源，是对人性认识的一次飞跃。1957年，受到人本主义思想影响的美国管理学家道格拉斯·麦格雷戈（Douglas McGregor）在《企业的人性面》一书中提出了X-Y理论。X理论认为，人的本性是懒惰的，人们都逃避工作，因此管理者需要以强迫、处罚、给予金钱或利益等手段迫使人们工作。而Y理论假设，人们不抗拒工作，具有自我调节和监督的能力，希望在工作中尽最大的努力，获得认同感，发挥更大的作用。X-Y理论诞生的契机，是早期泰勒提出的严苛的工厂管理模式遇到瓶颈，管理者试图寻找新的人性假设，激发人们更大的潜能。然而，Y

理论仍然是一种依托于层级制组织的人性假设，仍然试图用层级制组织管理手段的优化来提高人们的工作产出。相比于 Y 理论，A 类人才理论超越了层级制组织本身。从硅谷的实践看，A 类人才观是人才所处的创新网络和人才本身的能力共同作用，让人才可以释放出极大的价值创造潜能。A 类人才是一种生态化、网络化的人才观，它起源于前互联网时代硅谷搭建创新网络的实践和独特的文化。正是硅谷独特的产业结构、文化特征和社会网络，才培育了乔布斯所提到的 A 类人才。

A类人才产生的条件

．．．．．．．．．．．．．．．．．．．．

　　A类人才产生的条件，是身处开放、广阔的跨界创新网络。在组织社会，每个人都有着清晰、封闭的价值创造边界。这些边界包括上级和下级之间的垂直边界、不同专业部门之间的横向边界、产业链上不同公司之间的业务边界等。这些边界之间的信息流动和资源调配都受到了限制，导致处在边界之内的人才创造价值的空间是非常有限的。例如，低层级的员工再有想法，也常常难以调动高层级的资源；一个业务部门的员工再有想法，也常常难以调动另一个业务部门的资源。而在硅谷，人才网络的密切连接使公司内部、公司与公司之间的边界变得模糊。在硅谷，一个有想法的人常常能很快召集一群背景各异、有想法的人一起做事。

　　硅谷在诞生之初就拥有叛逆的文化基因，人才属于网络，而不属于某个管理者或某家公司。如果一家公司的管理层限制了员工发挥价值，员工就会离开这家公司，在创新网络中寻找机会，组建新的公司。"晶体管之父"、诺贝尔物理学奖得主威廉·肖克利（William Shockley）创立了半导体实验室，但他的独断专行和他在研究过程中"事无巨细"的管理方式，让他招募来一起创业的八名天才成员集体"叛逃"，成立了仙童半导体公司，而仙童半导体公司的人才也快速流失，从而出现了英特尔、AMD等一批半导体公司。乔布斯比喻道："仙童半导体公司就像个成熟了的蒲公英，你一吹它，这种创业精神的种子就随风四处飘扬了。"虽然身处不同的公司，但这些人才仍然处于同一张创新网络中，他们在竞争和合作中保持着持续的交流和学习，让半导体产业的创新网络不断扩张，而一家家公司只是嵌在这张创新网络上的"事件"。公司随着市场的变化起起落落，而网络永存。

对 A 类人才而言，开放、广阔的创新网络首先是一种客观的产业和组织环境。创新网络的本质是跨领域、持续生长的创新产业集群。经过几十年的发展，硅谷现在已经搭建了一个非常复杂的多元化产业集群。芯片、计算机、互联网、新能源汽车、生物医药等高科技产业在硅谷蓬勃发展，相互交叉组合，产生了无数创造新价值的可能。硅谷丰富的创新产业集群，为 A 类人才提供了大量施展才华的机会。这些机会包括两大类：产业分化和产业融合。产业分化是指一个行业不断细分，发展出越来越多的新品类和新机会，分工越来越专业，每个专业领域都可能会诞生新的做大做强的机会。人才只要遵循产业链分化的逻辑，就会不断有创造更大价值的机会。前面讲到的仙童半导体公司的创建者，就处在半导体产业分化的初期，所以他们总是有新的机会并获得进步。而产业融合是不同产业之间的交叉、融合，形成新的产业机会。例如，以特斯拉公司为代表的汽车产业革命，是信息技术、汽车、无人驾驶技术等多种技术的跨界融合。虽然电动汽车早在爱迪生时代就已经有了雏形，但是直到特斯拉公司的创立，电动汽车才真正成为一种完整的、相比燃油汽车有更大优势的产品。在硅谷这种丰富、多元的创新生态中，产业分化和产业融合几乎有无限的可能，为 A 类人才提供了丰富的产业环境。每个身处其中的人都会有机会，无论是创业者还是员工。

对 A 类人才而言，开放、广阔的创新网络也是一种不断超越极限、积极进取的心理环境。这种心理环境来源于创新产业集群中一代代人所取得的成就和积累的创新自信。近几十年来，硅谷一直是全球的技术创新中心，每场新的技术革命硅谷都没有缺席，它总是能够超越自身的成就，取得更大的新成就，"上不封顶"。在许多竞争对手停滞或倒下的时候，发展了几十年的硅谷，仍然能够保持对前沿方向的敏感，不断追求自我超越。而硅谷的人才也表现出持续创造价值的能力。以乔布斯、马斯克为代表的硅谷创业者，不满足于现状，不断追求更大的价值，作为榜样激励了一代代硅谷人才。这让硅谷的人才有一种不断颠覆、创造、突破极限的精神气质。这个过程并非一帆风顺，乔布斯、马斯克等创业者也有过大起大落的人生阶段。但是他们有高远的理想，在心理上不对自己设限，敢于去做艰难而正确的事情。对于乔布斯和马斯克这样的人才，人们惊叹的并不是他们所取得的成就，而是他们所坚持的不断超越自己、不断创造新的价值的能力。

A类人才画像概要

....

A类人才具有三种独特的价值创造能力，它们形成了Ａ类人才画像（见图1-1）：定义用户目标、定义工作目标、组合创新。这三种能力使Ａ类人才能够在开放、广阔的创新网络中发现机会，不断突破自己的极限。这里所说的能力，既包括人类本身所具有的个体做事的心理素质（通常指人力资源管理学中所说的能力），也包括经过后天学习的方法论体系（通常指人力资源管理学中所说的知识和技能），以及借助外部技术工具（通常所说的技术）能够做事的能力。在我们看来，这些是一体化的、广义的能力。在智能时代，人的能力从来就不只取决于人本身固有的心理素质，而是取决于人、可学习的知识方法论及技术工具的融合。

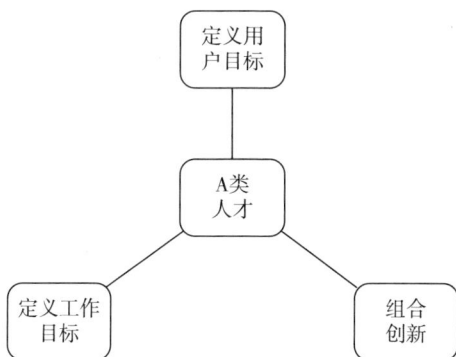

图1-1　A类人才画像

1. 定义用户目标

A类人才明白，当卓越的目标点燃用户的热情，就会持续推动产品和组织的进化，并触发A类人才背后所处的创新网络，让资源迅速聚集起来。创新网络本身是高度离散的、缺乏秩序的，各种创新资源散落在各地，而用户目标是创新资源聚集的焦点。A类人才能够洞察和定义用户想要的价值，设计超越用户想象的产品和服务，并通过用户目标引领用户超越当下的体验，让用户感到惊喜。

在硅谷，有意识地设计用户目标、引领用户体验已经成为一种跨层级、跨岗位的通用能力。体验设计是理解并设计他人体验的能力，是价值创造的终极目标。任何A类人才，无论身处何种位置，最终都要通过良好的用户体验实现自己的价值。良好的用户体验设计既要靠强大的共情力和对用户内心感受的洞察，也要有一套系统可以遵循。几十年来，以硅谷为中心，逐渐发展出了一套系统的设计用户体验的通用方法体系，成为跨领域的通用能力。20世纪80年代末，加州大学圣地亚哥分校教授、曾担任苹果公司体验架构设计师的唐纳德·诺曼（Don Norman）注意到，家用电脑缺乏以人为中心的设计，于是他开始了对以用户为中心的设计的前沿研究，提出了"人不会使用机器，是机器设计得不够好，而不是人的问题"的前沿观点。在乔纳森·艾维的主持下，苹果公司设计出了一系列让人惊叹的产品，让全世界意识到了用户体验设计的重要性。而早年帮助苹果公司设计第一只可以量产的鼠标的IDEO公司，把用户体验设计总结成系统方法论，应用于各种跨行业的设计。

体验日益成为价值增长的主要来源，这也是A类人才能够创造巨大价值的根源所在。2011年，B. 约瑟夫·派恩（Joseph Pine II）和詹姆斯·H. 吉尔摩（James H. Gilmore）在《体验经济》一书中指出，把初级产品竞争提升为客户体验差别，是未来价值增长的持续动力。

两位作者把经济的发展划分为四个阶段：初级产品、产品、服务和体验，每往上提升一个阶段就有更高的附加值。以咖啡豆为例，每磅原始的咖啡豆（初级产品），价格只有75美分，折合1~2美分一杯。如果这些咖啡豆被做成速溶咖啡（产品），那么价格就会提高到5~25美分一杯。如果把这些咖啡豆在一个小餐馆煮好端上来（服务），就会变成50美分~1美元一杯。这就是咖啡豆从初级产品发展到服务的阶段。那什么是体验呢？如果这杯咖啡是在五星级酒店或星巴克这样的场所提供的，那么它的价格就会变成2~5美元，因为它提供了一种与众不同的消费体验。意大利的圣马可广场有一家咖啡馆，人们可以坐在里面一边喝咖啡，一边欣赏千年古城的壮观景色，这里一杯咖啡的价格是15美元，因为这家咖啡馆能给人们带来一种独特的体验。体验会在人们的记忆中久久不散，可以长存于每个人的内心。

A类人才是那些能够通过用户目标吸引创新网络中的创新要素聚集起来，把创新要素转化成有巨大价值溢价的用户体验的人才。要实现这一点，A类人才除了要具备定义和引领用户体验的能力，还需要具备另两种能力：通过自定义工作来定位自我和组合创新。A类人才需要定义自己在创新网络中的位置，并基于这个位置协同和组织创新网络中的资源，把它们转化成用户价值。

2. 定义工作目标

A类人才具备强大的定义工作边界的能力，从而能够不受外在身份的限制，在模糊、不确定的工作环境中准确定位自己。在硅谷，身份、头衔与所做的事情并不见得有直接的关系。很多时候，头衔只是对外交流的一个符号。一名副总裁可能只是一个虚名，而一名工程师可能负责了一项影响整个公司的重大工作。在科层制的管理模式中，工作的界限是清晰的，每个人做什么工作是被安排好的。然而，在快速变化、日益灵活的工作场景中，工作的内容是持续变化的。A类人才具有设计、安排自己工作的能力，而不是被动地听从上级的指令。这些设计包括工作的产出、工作的内容、工作中要获取什么信息和资源、工作中要和什么人交往。A类人才对自我工作的定义和设计，不只是出于对经济利益的考虑，更是为了在工作中实现自己的意义和价值。灵活的、自定义工作的能力，让A类人才无论身处什么层级，都有机会创造巨大的价值。

互联网技术的发展让工作的边界日益模糊，个体在工作中的影响力日益增加。原先一个人或一家公司所做的产品和服务，只能覆盖很少一群人。但现在借助互联网，这些产品和服务可能覆盖到全世界。这就使越来越多的领域出现了"赢家通吃"的现象。例如，原来一名斯坦福大学的教授只为本校学生上课，但是借助Coursera这样的平台，他就可以给全世界成千上万名学生上课。同样，在公司内部，原来一个人如果有什么想法，可能只能跟他的上下级进行交流，但是现在，借助协同办公工具和OKR这样的目标对齐工具，一个人的创意可能迅速在全公司产生影响。工作不再只是头衔或岗位说明书所限定的狭小的工作范围，每个个体都有可能打破边界，创造更大的工作范围。

自定义工作的底层动力来自从以自我利益为中心到以他人利益为中心的发展跃迁。心理学家埃里克森认为，人生是一个不断解决内心矛盾、成长进化的阶段。在25～65岁的成年期，核心矛盾是"繁衍对停滞"。当关注自身利益时，人们就会陷入停滞状态；当关注下一代、关注社会上其他人的需求时，人们就会进入充满创造力、不断成长的状态。繁衍不只是一种生理本能，更是一种创新创造的本能。

3. 组合创新

组合创新是A类人才打破个人知识、能力、时间限制，创造更大价值的秘密所在。组合创新是协同跨领域资源和人才，使A

类人才的价值得以规模化的能力。A类人才之所以能够创造巨大的价值，不是因为A类人才自身的知识和能力有多么强大，一个人再强大，也不可能拥有瀚如烟海的所有领域的专业知识；也不是因为A类人才多么勤奋，不管A类人才多么努力，每天也只有24小时。A类人才最终都会走向创新组合的协同者角色。硅谷是全球创新网络的中心。全世界其他地方的创造、发明和人才，最终都会在硅谷这个创新网络的中心点实现协同、组合，发挥最大的价值。

早在20世纪70年代，康宁公司就发明了一种耐磨的玻璃。但是由于其价格昂贵，一直找不到合适的市场，康宁公司只能把这种玻璃束之高阁。然而，乔布斯在设计iPhone时，一直在寻找一种耐磨的玻璃材料，最终他从康宁公司的库房里找到了这种玻璃，并将其用于第一代iPhone，制作成了让人惊叹的手机屏幕。如果没有乔布斯，康宁公司的这种玻璃很可能永远都被尘封在库房里。这就是A类人才的力量。在玻璃领域，乔布斯肯定不如康宁公司那么专业，但是他能够洞察到手机作为一种随身携带的日常用品，用户对耐磨玻璃具有强烈需求，所以他寻遍全球也要找到一种耐磨的玻璃，为用户创造极致的体验。A类人才对用户想要什么有着超强的敏感，并愿意为了满足用户的需求尝试一切可能。

当开放、广阔的创新网络和具备三种价值创造能力的人才相遇时，就会生长出A类人才。这些人才做着和别人同样的事情，拥有和别人同样的身份，但其创造的价值却可能超过别人10倍甚至100倍。这里，我用了"生长"这个词，想要描绘出一幅种子破土而出、蓬勃生长的景象。A类人才不是从天而降的，而是在创新产业集群的土壤里扎扎实实地生长出来的，是人性和历史、文化、产业土壤相互交织的杰作。A类人才是扎堆的，就像乔布斯说的，A类人才喜欢和A类人才一起工作，只有这样他们才能发挥出最大的价值。在创新产业集群中，A类人才形成了相互激发、相互协同的网络。A类人才的三项通用能力，既扎根于人类共情、自主、联想的本性，又扎根于现代用户体验设计、管理创新和技术创新的方法体系。每个人都有A类人才的基因，但只有在恰当的环境中，这些基因才会被激活。

创新网络中的A类人才

....

在组织内部或跨越组织的创新网络中，既有A类人才，也有更多的非A类人才。A类人才和非A类人才都有自己独特的能力和擅长的领域，但是A类人才更愿意成为创新网络的连接者和组织者，更愿意在网络中发挥更大的价值和影响力。A类人才和A类人才之间、A类人才和非A类人才之间，都保持着密切的互动。而非A类人才更愿意在自己专长的领域里深耕，不愿意轻易打破自己的专业边界，在网络中建立广泛的连接。非A类人才在创新网络中是被动的，属于被连接者，他们如果想要触达创新网络中的其他节点，需要通过A类人才作为中介进行连接。

在创新网络中，A类人才有一个重要的双重身份：既是创新网络中的协作者，又是创新网络中的传播者。这一双重身份有如下一些表现。

第一，在组织内部，A类人才既擅长产品和研发，又擅长传播和推广（见图1-2），能够站在研发和市场的双重视角看待组织的产品、服务、工作流程等。因为这种特性，A类人才可以在组织中的不同岗位进行轮岗，或者即使只专注某个职能部门，也能很好地和其他职能部门协作，提供对方想要的东西。例如，负责产品或研发的A类人才能够为市场部门提供恰当的、用户需要的材料进行营销推广和传播，并能从技术的角度提炼出吸引用户的亮点，设计用户能够参与的活动；负责市场和营销的 A 类人才对产品和技术有框架性的理解，也能从用户视角出发给其他部门提出合理的建议。

图 1-2　A 类人才：协作者和传播者

第二，A 类人才具有人才 / 用户一体两面的特性，有时既是 X 组织内部高价值的创造者，又是 Y 组织引领创新产品和服务传播的 A 类用户（见图 1-3）。例如，一名工程师，可能既是谷歌公司的 A 类人才，同时也是热衷于特斯拉汽车的 A 类用户。作为一名员工，这名工程师为谷歌公司创造价值；作为一名用户，他在为特斯拉汽车的传播创造价值。许多科技产品的传播，都是从充满探索精神、从事创新活动的人才那里开始的。这些人才愿意最早体验还不完善的产品，并自己动手或提供反馈意见，让产品和服务变得更加完善。这些人才甚至可能会成为引领市场的意见领袖，改变市场的格局。例如，特斯拉公司的崛起，一部分原因是科技新贵们不想被贴上传统的标签，开特斯拉汽车被认为是一种敢于尝试新鲜事物的身份象征。因此，对组织而言，A 类人才管理不但包括对组织内部 A 类人才的管理，也包括如何处理与组织外部 A 类用户的关系。在后面的章节中，我们会探讨如何激活这些组织外部的 A 类用户，让他们推动市场的发展。

图 1-3　A 类人才的人才 / 用户一体两面的特性

A类人才是不可复制的，而且只有在适当的创新网络中，潜藏在人群中的A类人才才会被激活，就像休眠的种子一样破土而出。过去几十年，我们目睹了硅谷A类人才爆发的盛况。而从现在到未来几十年，我们也可以看到，随着中国建立全世界最完善、最全面的产业体系和全球最具成长性的创新产业集群，创新自信不断增强，在互联网影响下的网络化的社会结构中，中国的A类人才正在破土而出，进入密集爆发期。我们坚信，中国的创新产业集群将成为全球A类人才最密集、最活跃的区域。我们每个人都可能参与其中。在第2章，我们将把视角从硅谷拉回中国，从中国的产业史和文化史出发，阐述中国情境下A类人才的特点。

A

第 2 章

中国的 A 类人才

组织社会人才观的变革

······················

2008年，周浩怀着矛盾的心情，以660分的高分考入北京大学生命科学学院。他从小动手能力就很强，家里的电器被他拆拆合合。高考选择学校时，他原本想去更注重实用技能的北京航空航天大学。但是，父母和老师都认为考了高分就应该上清华、北大。在众人的压力之下，周浩选择了屈从，报考了北京大学生命科学学院。入学后，周浩无法适应强调理论分析的生命科学学院，陷入了终日的焦虑和困惑之中，为了调整自己，他休学一年，在深圳当过电话接线员，做过流水线工人。最终，他从北京大学退学，转入在数控技术专业领先的北京工业技师学院。毕业后，周浩在北京工业技师学院留校任教，成为一名受学生欢迎的老师。

周浩的案例引发了许多社会争议。有人质疑他的行为过于极端，指出北京大学转院系没有那么难，或者他可以通过重新高考上清华大学或北京航空航天大学。然而，站在周浩的视角，我们看到的是一个喜欢动手操作的青年，在面对巨大的社会和心理压力的情况下，放弃了外在的、光鲜的学历，扎根于自己喜欢的事情，最终走出了一条属于自己的路。

在组织社会，学历、身份、头衔这些外在的、光鲜的东西，代表了从高到低的社会等级。每个人都生活在社会等级的鄙视链里，很多人在比自己社会等级更高的人面前感到自卑，而在比自己社会等级更低的人面前感到自傲。我们每个人都或多或少地受到鄙视链思维的影响，想要达到更高的社会等级。从幼儿园、小学开始，父母们就陷入了"鸡娃"的竞争，想要通过高强度的学习让孩子获得更高的成绩，有更大的把握进入所谓的精英阶层。进入职场，人们争先恐后地竞争少数大公司的岗位，一些著名公司随手翻一份简历就是名校毕业的"学霸"。然而，即便经过激烈的竞争进入了大公司，人们仍然面临着激烈的升职竞争，只有少数人能够爬上金字塔顶，成为万人瞩目的高层管理者。大多人都是沿着这样一条既定的轨迹，往更高的社会等级攀爬。这是组织社会的游戏法则，只有向上攀爬，才能创造更大的价值，获得更多的资源。然而，在网络社会，越来越多的A类人才会像周浩这样，从这个社会等级攀爬的游戏中跳脱出来，专注于创造价值，而非在鄙视链里提升自己的社会等级——当然，他们不一定像周浩这样采用退学的形式。

中国组织社会的建立

中国很早就建立了注重社会等级和权威的社会结构。在从秦汉时期就成形的大一统国家里，在"君为臣纲，父为子纲，夫为妻纲"的秩序之下，社会上的每个人都有自己的位置，并扮演这些位置所要求承载的角色。"大家长"的等级制观点深入人心。在国家层面，"学而优则仕""学成文武艺，货与帝王家"是读书人毕生的追求。人们都想沿着狭窄的等级制道路往上攀爬。而在传统农业社会的基层，也形成了以宗族大家长为核心的熟人村落，宗族内等级森严。费孝通先生把这种社会结构称作差序结构。每个人都以自己为中心结成网络，就好像把一块石头扔到湖水里，以这个石头为中心在四周形成一圈圈波纹。波纹的远近意味着社会关系的亲疏。陶渊明在《桃花源记》中所描述的"阡陌交通，鸡犬相闻"的村落，是中国人理想的田园生活。中国人安土重迁，一般不离开乡土。即便是广东、福建沿海地区的居民为了谋生远下南洋，也依然顽强地保留着宗族社会的社交网络和华文教育。改革开放后，许多东部沿海地区的乡镇家族企业，也是在传统宗族网络的信任关系之上建立了工业文明。现代化产业的背后，仍然充满了家长制宗族的色彩。

近代中国的工业化打破了传统的社会结构，人们逐渐学习和模仿西方的组织社会结构。自进入工业时代以来，先发国家在全球建立了森严的产业等级体系，通过设置贸易壁垒、技术壁垒，阻碍后发国家突破产业等级。中国当代工业化起步于承接全球产业链再分工、制造业外包的大时代背景。起步之时，中国利用较低的人工成本优势，以承接较低层级的生产制造环节为主，追随、模仿先发国家的产业结构，逐渐建立了以公司为主体的组织社会结构。在工业化初期，中国更多地模仿的是西方国家20世纪上半叶科学管理式的组织形态。这种注重权威、分工严格的组织形态与中国长期以来注重等级和权威的文化相一致。个体人才的价值在组织中并不受重视，更多的是靠人数规模取胜。国内市场也是以"山寨"、低端模仿为主，成本取胜。在这种产业环境下，需要的人才是立足自身岗位，高效执行，按照标准把事情做好，追求一份稳定、体面工作的人才。人才不需要太多组织内部的跨部门联系，也不需要太多外部联系，只要做好本职工作就好。在工业化后期，一些具有全球视野的大型公司逐渐开始模仿西方国家20世纪下半叶，尤其是80年代以来的一系列为打通组织内部边界而实施的管理变革，矩阵式管理、行动学习等管理创新逐渐被引入国内，组织内部的壁垒开始松动。

在一次次产业转移和承接的过程中，通过模仿复制，逐渐改良升级，中国成为较少数具有全部工业门类的国家之一，农业、服务业的类别和规模也在快速增长。然而，随着市场饱和，基于存量产业空间的竞争越来越激烈，国内市场上出现"内卷"现象。在市场上"内卷"被用来描述高密度、同质化、越来越激烈的零和竞争。在市场规模有限的情况下，行业里的各家公司都采用"996"的工作模式，员工的工作时间都增加了，但是并没有创造更多的价值，员工也并没有获得更高的收入。对个体而言，内卷化意味着在工作和生活中投入更多的精力和成本，但是并不能获得更多的回报，这是一种无效努力的状态。对社会整体而言，内卷化意味着为了实现同样的目标，耗费更多的人力和物力，社会整体的效率并没有得到提高。"内卷"化的本质是，在有限的资源和空间下，资源的分配按照社会等级进行，个体为了获得更多的资源，只能把精力花费在钻研如何向上爬。

突破"内卷"化的关键在于组织要把资源分配给能够提升用户体验、创造更大价值的个体，而不只是分配给在组织中处于更高层级的个体。无论是产品还是服务，在基本功能得到满足的情况下，只有拓展更好的用户体验，才能创造更大的用户空间。2000 年之后，各行业都逐渐从以产品和服务为中心转向以用户体验为中心，互联网公司和科技公司纷纷设立用户研究部门，以用户为中心的思想深入人心。2009 年，北京大学光华管理学院黄铁鹰老师主笔的《"海底捞"的管理智慧》一文让人们发现，即便是看起来没那么"高大上"的餐饮行业，也能通过注重服务体验创造巨大的差异化竞争优势。而相比海底捞，后发的巴奴火锅发现，不像海底捞这样靠服务取悦用户，而是靠毛肚和菌汤的极致产品体验，一样能够在竞争激烈的火锅市场中脱颖而出。在组织乃至社会层面，如果创新资源只按照等级进行分配，那么很多有想法、有创意的人才就会因为得不到足够的创新资源而无法做出贡献，从而使组织乃至社会无法走出"内卷"化的困境。

从组织社会到网络社会的社会转型

························

创新网络的崛起改变了创新资源在社会中重新分配的方式。个体可以通过复杂、多样的创新网络获得丰富的创新资源。近年来，快速崛起的创新产业集群逐渐在中国形成了"硅谷式"创新网络的雏形。基于不同的历史机缘，北京、上海、深圳、广州、杭州等城市逐渐出现了"硅谷式"的创新产业集群，提供了广阔的价值创造空间。一代代更加自信的新生代人才不断崛起，他们不再盲目崇拜和模仿国外的公司，而是敢于成为产业的引领者。这些创新产业集群也在酝酿着前所未有的、更加包容和开放的文化。中国传统文化中存在强烈的"村落文化"，中国人的"圈子文化"本质上是一种乡土中国的"村落文化"、熟人文化。而在城市化的过程中，创新产业集群能够消融这些圈子的边界，形成独特的本土认同和文化。这一点在深圳尤为明显。深圳以"来了就是深圳人"为口号，提出无论来自哪里，只要到了深圳，就是深圳的一分子。深圳刚开始发展时原来就没有太多本地居民，深圳人都是从五湖四海会聚而来的，他们不因宗族、地域不同而产生隔阂，而是在现代契约精神下共同合作。在深圳，一个人能够快速信任陌生人，学习、了解不同领域的知识，能够形成多元思维交织、组合创新的"美第奇效应"。这和一些仍然存留着强烈的地域封闭色彩的城市形成了鲜明的对比。在地域封闭色彩浓厚的地方，企业都掌控在本地的家族手里，外地人很难得到重用，人才被封闭在企业里，缺乏流动性。

移动互联网的快速发展打破了地域的边界，让A类人才越来越容易跨地域形成创新网络，发挥更大的价值。过去十年，移动互联网完成了非常扎实的基础设施建设。大多数中国人都通过智能手机连入一个密切编织的网络。通过移动互联网，人们能够随时随地和国内乃至世界上各种各样的人进行交流，这大大降低了搭建一个多元网络的成本。例如，当你想找某个领域专家的时候，你可以通过朋友圈向朋友求助，或者向你的朋友的朋友求助。根据六度人脉理论，通过几次连接，你总能找到想找的人。知乎等专业化平台的搭建，让人们能够在很短的时间里触达相关领域的专家。在这样的世界里，那些宅在家里不愿意与别人互动交流的人就会失去很多外部的支持，在面对困难的时候常常单打独斗。而能够适应这种网络化生存环境，积极地与全球网络互动的人才，更容易在这个时代获得领先优势。

公司内部也在打造跨越岗位的流动的创新网络，人才不必局限于固定的岗位，而是可以在全公司的不同位置寻找发挥自己价值的机会。例如，腾讯公司在2012年年底启动了一项"活水计划"，希望建立通畅的内部人才流动市场机制，并形成一种文化，既能帮助员工在公司内自由地寻找发展机会，也能快速支持公司重点产品和业务的人才需求，实现员工发展和企业战略的共赢。自2013年起，"活水计划"已累计帮助5 400多名员工在公司内部找到新的发展机会，既有效地支持了重点业务的高速成长，也为公司培养了更多有开阔视野和复合经验的人才。以微信为例，目前有超过300名员工通过"活水计划"加入微信团队，约占微信引进人才的60%，为微信产品的敏捷创新和高速成长提供了有力的支持。腾讯公司高级执行副总裁、微信事业群总裁张小龙对"活水计划"也给予了肯定，他表示："'活水计划'贯彻得很彻底，促成了员工的主动流动，解决了微信大部分的人才招聘，也避免了人才外流，值得鼓励和坚持！"

中国当前正从模仿硅谷向建立自身完善的创新网络发展，而这张创新网络孵化出的公司和人才有些已经可以与硅谷的顶尖公司和人才在全球舞台上同场竞技。1984年，埃弗里特·M.罗杰斯（Everett M.Rogers）的《硅谷热》一书出版，描述了硅谷科技产业崛起的历程，这本书在20世纪90年代被引入中国，影响了许多早期中国计算机和互联网爱好者。360集团董事长周鸿祎就把《硅谷热》称作自己的"圣经"，他赞叹这本书中描写的场景：一群毛头小伙子，在屋子里、车库里，通过创造符合时代发展的新产品，改变了上亿人的生活，也赚取了财富，实现了财务自由。在PC互联网蓬勃发展的时代，硅谷的科技公司是中国公司的榜样，大量中国留学生进入硅谷工作，硅谷与中国的产业和人才交流密切。从那时开始，很长一段时间内，硅谷公司都是中国公司学习、模仿的对象。许多中国科技公司都喜欢在硅谷找一家对标公司，如把自己称作"中国的雅虎""中国的Facebook"[1]等。

从2014年起，中国公司不再满足于做硅谷公司的模仿者，而是敢于和硅谷公司同场竞争，在国内乃至全球市场上挑战硅谷公司。华为公司的消费者终端事业部从无到有的建立，既模仿苹果公司终端的全场景一致性用户体验，又凭借更好的性价比在国内和全球市场与苹果公司的手机产品"短兵相接"，逐渐拿下了不少市场份额。《连线》杂志前主编、《长尾理论》作者克里斯·安德森（Chris Anderson）在加州伯克利创建的无人机公司3D Robotics在和深圳无人机公司大疆创新的竞争中失利，最终撤离中国消费级无人机市场。腾讯、阿里巴巴、美团等互联网巨头在社交、游戏、电子商务、云计算等领域成为国内乃至国际市场的领导者，毫不逊色于Facebook、Amazon等美国科技公司。近十年来，这批崛起的中国公司逐渐在和硅谷公司的竞争中培养了一种自信：中国公司不但是硅谷创新的模仿者，也能成为硅谷公司的竞争者；并不是只有硅谷做过的产品，中国公司才能去做，中国公司也可以探索"无人区"，成为创新的引领者。

---

1 Fackbook 现改名为Meta。

中国的Ａ类人才爆发

....

在以用户体验为中心的意识日益深入人心、创新产业集群快速崛起、创新自信不断增强的背景下，中国开始出现了Ａ类人才爆发的现象。在许多大型科技公司，同一层级、同一岗位之间薪酬的巨大差异已经不是个案。在这批世界级的创新公司中，硅谷式的Ａ类人才逐渐成为普遍的现象。大型科技公司通常采用较为扁平的管理架构，尊重人才的能力发挥。对于做出超常贡献的员工，这些公司也会像谷歌公司一样，采用极端奖励的措施，如发放丰厚的年终奖。在一些更加灵活、自由的新兴行业和岗位，Ａ类人才现象也非常明显。例如，根据陌陌2019年主播报告，近两年火爆的网络主播行业，仅有24.1%的主播月收入过万元，但一些头部主播早在2016年年收入就达到1 600万元。在网络文学领域，根据2019年中国网络文学发展报告，2019年，中国网络文学有77万名签约作者，有44.6%的作者收入在2 000元以下或暂无收入，24.1%的作者收入为2 000～5 000元，20.1%的作者收入为5 000～10 000元，7.1%的作者收入为1万～2万元，4.1%的作者收入超过2万元，而排名最靠前的网络作者年收入过亿元。主播、网络文学作家中Ａ类人才的崛起，既创造了巨大的财富，也引发了社会的讨论。

更具有普遍意义的是，一些基层岗位也有了越来越多培养Ａ类人才的机会。例如，2019年，京东宣布增加快递收件的任务，试图把京东物流部门由承接配送的后台部门，转型为能够创造业绩的利润部门。快递员的薪酬结构也随之调整。快递员取消底薪，但大幅增加收揽件的提成。经过在华南地区半年的测试，优秀的快递员一个月可以赚四五万元，有人甚至可以达到8万元。这名月收入8万元的快递员名叫黄少波，是京东物流华南区广州大市营业部的一名普通快递员。他于2014年加入京东做配送员。2018年，他做派件业务的月收入为八九千元。而当公司开放快递揽收业务后，他迅速转型，通过和一位在派件时结识的企业负责人的深入沟通，他拿到了这家电商的全部发件业务，业务量最高时一个月揽件13万件，当月揽件提成8万元。黄少波的案例是京东物流"Big Boss"转型的一个特写镜头。这场涉及20万人的复杂体系的转型，激活了每个人和每个业务单元的自主性和潜能，使其成为组织收益的贡献者和分享者，从而把京东物流从一个成本中心转型成为一个利润中心。该机制试行一年后，京东物流的外部收入占总收入的比例已经超过40%。同时，员工的整体收入也有所提高，月收入超过2万元的快递员数量同比增加了251%。

据京东招股说明书显示，从2018—2020年三季度的11个季度，京东物流累计投入46亿元，用于软件、硬件、算法等数字化技术的开发，基于技术优势实现设备的智能升级和合伙伙伴供应链效率提升。然而，无论京东物流打造了一套多么强大的数字化物流系统，这套系统要想产生利润，仍然需要一个个像黄少波这样的快递员在一线与一个个具体的客户建立关系，获取客户，创造价值。京东开放快递收揽业务，打开了快递员这个岗位的价值空间，让快递员可以利用京东强大的物流能力创造更大的价值，也为自己赢得更高的收入。通过这样的机制，像黄少波这样的A类人才能够脱颖而出，虽然还没有达到乔布斯所说的"在硬件和软件行业，人才之间的价值差距可能有15倍甚至100倍"的情况，但相比以往的情况，不同快递员之间的收入差距已经超过了10倍。

以A类人才为中心的人才管理体系转型

....

　　许多公司的人才管理体系正在从以层级为中心向以A类人才为中心转变。这将是中国人才管理未来10～20年内的重大主题。许多关于人才、组织和企业方面的经营管理方式都会发生深刻的变化。硅谷和中国领先公司的A类人才管理理念和实践会逐渐扩散，将成为普遍的管理共识。

　　鸦片战争以来，中西方文明的冲突，大部分是工业文明和农业文明的冲突。在冲击和融合中，从20世纪末到21世纪初，中国建成了全世界最庞大、最完整的工业化体系。在城市，传统农业社会逐渐瓦解，几亿人口进入城市，形成了德鲁克所说的"组织社会"，每个人都依附于特定的组织，组织赋予个人身份、地位和名誉，定义了一个人是否是"人才"。在不同的历史时期，社会所追捧的组织身份不同。从早期的国企，到后来的外企，再到央企、互联网"大厂"，人们所追捧的组织层级身份仍然有根深蒂固的社会心态。从外企的总监，到阿里巴巴的P9，社会上对层级制仍存有崇拜心理。就像威廉·怀特（William H.Whyte）在《组织人》一书中描述20世纪50—60年代美国大公司的管理者的样子：他们得意扬扬，充分享受着稳定的职业给他们带来的愉悦。虽然以大公司为中心的等级制组织瓦解了传统农业社会的层级制度，然而层级制度本身所带来的优越感仍然存在，只是换了一种形式。

现在，随着创新网络的力量越来越强大，对个体而言，其在这张流动的网络中的位置，不亚于甚至要比在组织中的层级位置更加重要。一个只有头衔但不能跨部门和跨公司发挥影响力的高管，并不如一个级别更低但能够连接组织内外部网络并创造价值的 A 类人才对组织更有意义。这在中国文明的发展历史上是一次罕见的文化转型和秩序重建。传统与现代、东方与西方、工业文明与互联网文明在当下的历史时点撞击，每个人都被卷入历史的旋涡中。长期以来，中国的社会结构都是等级制的高塔，人才能够创造的价值大多由其在等级制高塔上所处的位置决定。然而，A 类人才要以网络的力量颠覆等级制高塔，让每个人无论身处什么层级，都能发挥价值，获得相应的报酬。A 类人才所创造的巨大价值和财富，对普通人而言不应该是一种社会比较的压力，而应该是一种激励向上的动力，因为这些 A 类人才也是从普通人中走出来的。中国的商业环境已经进化到了一个对 A 类人才相当友好的阶段，除了少部分规定比较严苛的公司，大多数公司都愿意给员工较大的自主发挥空间。中国的职场人和企业家也越来越意识到人才的重要性。客观地讲，在中国，绝大多数在普通岗位上工作的人，都有机会成为 A 类人才。

"茶聚智聊"的A类人才孵化实验

A类人才的崛起，是对等级制度的深刻颠覆。虽然形式上公司还维持着科层制组织架构，但是个体创造价值的能力和收入、个体的影响力，都与个体在组织架构中所处的科层制等级位置逐渐脱钩。例如，华为提出了"基层作战单元在授权范围内有权力直接呼唤炮火"的管理原则，人才下沉一线业务单元，总部不再是一线管理者，而是对前方提供支持和服务的后方。A类人才需要系统组织能力的支持，否则单靠个体，再努力也无法创造更大的价值。许多公司都提出了"多劳多得"的口号，但是试图"多劳"的人并没有获得调动相应资源的权力，从而使"多劳多得"成为一句空话。

本书诞生的过程也是一次搭建创新网络、孵化A类人才的实验。2014年，我们在深圳发起了"茶聚智聊"的人才管理创新沙龙，集合了来自华为、腾讯、华润、大疆创新、万科、莱蒙、玛丝菲尔等知名公司处在人才管理实践前沿的一群志同道合的朋友，共同探索人才管理未来发展的方向。我们发现，即便是美国最新的人力资源管理教科书，内容也显得老套，反而在硅谷以谷歌、苹果、奈飞、领英等公司中正在发生的人才管理实践，有许多值得学习借鉴的地方。拉斯洛·博克的《重新定义团队：谷歌如何工作》一书在美国刚刚出版，我们就如饥似渴地读了起来。我们还和硅谷华人创新创业社群Founders Book Club建立了联系，获得了关于硅谷的许多一手资讯。

2014年，秦弋作为联合发起人，和几个想要推动人力资源变革的小伙伴一起发起了"茶聚智聊"沙龙，连续主持了50多场线下沙龙。沙龙参与者有上市公司的人力资源总监，有腾讯、华为、万科等公司的人力资源专家，有Hay Group、德勤等人力资源咨询公司的顾问，也有创业者、投资人。

这个人才管理社群对我们每个人都影响深远。虽然线下沙龙只持续了两年，但基于这50多场沙龙而搭建的创新网络让每个人都受益匪浅：在人力资源管理领域，有多位小伙伴在阿里巴巴、腾讯、金地等公司的组织发展、数据分析等人力资源管理创新部门工作；孵化出两家人力资源知识付费领域的创业公司；本书也是这张创新网络中的小伙伴反复讨论沉淀的成果。社群的小伙伴们因为创新网络而相识，在创新管理、数字化转型、康复医疗甚至更广阔的领域有深入的交流与合作，甚至共同创立了公司，从而使这张创新网络的边界不断扩大。

对本书的作者之一秦弋而言，这张创新网络深刻地影响了他的个人发展，让他走上了一条不寻常的跨界发展道路。2014年，秦弋还在香港中文大学攻读管理学博士，临近毕业，他想寻求一份工作。对秦弋而言，这是一个相当冒险的决定，因为管理学的学术圈是一个以北美为中心的狭小圈子，有着共同的学术语言和规范的研究范式，但这些研究成果很难应用于业界。受过严格管理学学术训练的博士生们毕业后大部分都留在商学院任教，几乎没有人去业界工作。在读博士期间，秦弋就想探索一条不一样的路，他向谷歌公司山景城总部People Analytic团队投递了简历，那是一支罕见的业界招收管理学博士生的团队，结果被拒。之后秦弋曾考虑去北美国家攻读统计学方面的学位，寻找进入谷歌公司的机会。期间，他偶然收到一家深圳公司的招聘邮件，这家公司想找"转行的博士生"。怀着好奇心，秦弋加入了这家叫作大疆创新的公司，担任总经理助理并组建人才管理创新实验室，负责核心人才甄选系统的开发。从此，秦弋踏上了一条"出圈"的路，虽然他仍然对研究充满了热爱，但是他想探索一条不同于北美范式下象牙塔里的研究道路。

此后，秦弋在一家创业公司作为核心成员，和团队一起完成了从0到1的发展；在北京大学汇丰商学院创新创业中心担任项目主管，担任深港澳金融科技专才计划《创新管理》教材的副主编。秦弋渐渐发现，虽然他被很多人称作"秦博士"，但是他并非一个传统的、"象牙塔式"的管理学研究者，也并非一般的创业者或管理者，而是一个很难界定身份的人，也不属于某个特定的圈子。然而，秦弋很清楚在实践中求得真学问是自己要做的事情，他一直以王阳明的"知行合一"来激励自己。在他的职业生涯中，由"茶聚智聊"搭建的创新网络一直在发挥至关重要的作用，帮助他获取前沿信息、职业信息和项目机会，并获得成功。

创新网络和层级制的均衡

....

搭建创新网络并不意味着彻底取消层级制，而是在已有的层级制之外形成跨越层级的创新网络。对许多适应了传统层级制管理模式的组织来说，这是一场巨大的挑战和文化变革。创新网络并不是要在形式上打破层级，而是要在文化上打破层级。通过微信群和各种协同办公软件，在形式上打破层级是很容易的。但是，当从形式上打破了层级，在公司内部组成的网络中，高层级的人仍然会对低层级的人形成心理压力，从而打乱原有的组织架构，让指令变得混乱，增加沟通和管理成本。

此外，在组织中建立跨越层级的网络，也容易引发拉帮结派的内部管理问题。实际上，从泰勒的科学管理时代开始，管理者就一直对公司内部的非正式网络有负面的看法，因为这些网络会让员工形成小团伙，阻碍公司的整体效率，扰乱公司的指令体系。直到近几年，一些强文化的公司能够以较强的组织使命、愿景、价值观统一组织成员的思想，才使组织内部搭建跨层级的网络时，能够与组织的整体目标保持一致，而不是在组织内部形成各种利益群体。在层级制的组织架构中，如何连通不同的层级，如何驾驭不同层级连通后形成的各种小团体，是搭建以A类人才为中心的管理体系的重要难题。

要搭建创新网络、孵化A类人才，组织需要在员工职业生涯发展、人力资源管理、组织架构设计乃至市场营销方面都做出调整。本书的目的，就是建立一套通用的 A 类人才方法论体系。无论是普通员工、管理者还是企业家，都需要了解 A 类人才的基本成长规律，以及如何搭建吸引 A 类人才、适合 A 类人才发挥价值的管理系统。A 类人才所需要的创新网络资源是可以通过一定的方法搭建的，A 类人才的核心能力也有一定的培养方法。本书后文将对此展开讨论。我们希望以本书为起点，将各个行业的需求结合起来，逐渐打造出一套适合中国 A 类人才成长的体系。

中国情境下A类人才面临的挑战

....

未来，中国要实现从以层级为中心向以 A 类人才为中心转变，面临一些重大挑战，这些挑战可能需要 10 年、20 年甚至更长的时间去解决，具体包括以下几项。

1. 建立跨行业、跨岗位的普遍创新自信

长期以来，中国一直处于模仿、学习西方人才管理思想的阶段，改革开放启动的契机正是承接西方国家的产业分工的转移。在这个追赶的过程中，很多中国人、中国企业都有一种根深蒂固的观念，那就是中国人缺乏创新能力。这使中国人在面临新机会的时候常常害怕犯错，不敢尝试新的可能性。然而在 2020 年新型冠状病毒肺炎疫情防控期间，中国和西方国家表现出的巨大差异，让中国人对西方国家的盲目崇拜渐渐消散。中国人开始意识到，中国一直坚持的东西很多都是对的，中国人有能力在许多西方国家都无法进入的"无人区"引领世界往前走。经过 10年、20 年的积累，当这种创新自信逐渐从少数领先的科技公司发展成为跨行业、跨岗位的共识时，中国会出现越来越多的人才，哪怕他们身处平凡的岗位，也敢于打破常规，并做出重大贡献。

2. 建立从追求人员成本和规模优势到追求人才效率优势的思维转型

长期以来，较低的劳动力成本一直是中国经济发展的优势。然

而，随着经济的增长，中国的劳动力成本不断攀升，大规模、低成本的劳动力优势已经越来越弱。越来越多的企业开始"精兵简政"，团队规模不大，但是追求团队中每个成员的高产出，力图用最少的人实现最大的价值，并鼓励员工不断提升价值创造的能力，企业也会和员工分享更多的利益。要想完成这种转变，企业家和职场人都需要完成思维转型，从把工作视为一个即时交换利益的对等过程，转变成一个不断创造更大价值从而分享收益的长期过程。企业要把员工视为可以持续增加价值的资本，而不是需要控制的成本；员工要把企业视为一个可以持续提升自己价值创造能力的平台，而不过多地计较短期收益，要相信只要有价值创造的能力，就一定能够获得公平的回报。

3. 建立各领域通用的以A类人才为中心的管理方法论体系

A类人才的出现，对人力资源管理乃至整个管理体系都造成了冲击。在组织社会，组织以清晰的战略目标为中心进行集中运营。位于最高层的管理者制定战略目标，各层级一层层地拆解目标，绝大多数员工都做着执行性的工作，被动地接受工作任务。这种组织形式假定位于高层级的组织成员比位于低层级的组织成员拥有更强的判断力，因此低层级的组织成员要服从于高层级的组织成员。然而，随着组织中出现越来越多的A类人才，关于高层级和低层级之间存在决策能力差异的假设逐渐受到质疑。在快速变化的商业环境中，高层级的组织成员不一定比低层级的组织成员有更强的决策能力，一次决策成功的组织成员也不一定每次决策都能成功。

因此，组织越来越需要依靠组织中跨越不同层级的A类人才形成一张内部创新网络，当面临外部挑战时，这张创新网络作为一个整体，能够快速产生、汇聚各种想法，并敏捷地将其转化成组织成员的高效行动。在这张创新网络中，每次行动的发起者都可能是不同的，可能是较高层级的组织成员，也可能是较低层级的组织成员。但只要有人发起行动，提出好的想法，其他成员就能迅速跟进，达成共识，然后把这些共识落地成为行动，取得成果。这就要求组织在内部有连通、搭建网络的能力，无论是通过行动学习形成的变革小组，还是通过OKR形成的目标网络，组织内部一张充满活力、敏捷反应的创新网络，既是孵化A类人才的良好生态环境，又是让组织变得更有弹性和适应性的关键。

第 3 章

创新网络：A 类人才的生态环境

组织社会的人才环境：去个体化

人才的出现与环境有着密切的关系。在组织社会，为了追求效率，组织营造了一种去个体化（正态分布）和圈层化的人才环境，限制了Ａ类人才之间的连接，使Ａ类人才不能发挥自己的价值。

去个体化是组织社会人才环境的第一个显著特征。有时候，我们还能看到一些带有浓郁的工业时代管理风格的工厂。在这些工厂里，等级森严，人情淡薄，个体之间的关系被割裂。例如，员工宿舍是严格隔离的，不同宿舍楼之间的工人禁止交往，朋友之间很难交流。工人进厂之前的个人网络都被尽数打散，来自同一个城市、同一个学校，甚至参加过同一次培训的工人被有意分配在不同的部门或车间。

这种人才环境的创建源于1878年一位车间管理员的遭遇。这位车间管理员就是泰勒。他在米尔韦德钢铁公司的机械加工车间担任车间管理员时，遭遇了一起由工人组成的小团体联合起来限制机器运转速度的事件。这种公然的"摸鱼"行为引起了泰勒的愤怒，他用尽办法想让工人们完成任务，和工人们组成的小团体发生了激烈的冲突。最终，泰勒在老板的支持下赢得了胜利。但这件事情给他留下了深刻的印象。若干年后，试图破解这一难题的泰勒设计了科学管理体系，对工作进行了细致、标准化的分工，把员工的工作空间划分成一个个边界清晰的圈层，每个人只能在组织划定的范围内工作，这一体系使组织得以高效运转。

　　泰勒认为，人和人之间能力的差距会降低生产效率，因此要把工作流程标准化，让所有人都按照"最佳方法"工作。泰勒掀起的科学管理革命非常适合当时方兴未艾的大规模生产和销售模式，因此很快就在全世界风行起来。伴随着科学管理体系出现的是"管理者"的全新角色。管理者的职责是制定工作标准，招募、培训和激励工人，让工人按照既定的工作标准完成工作。而制定工作标准的"工作分析"职能，迄今为止仍然是人力资源管理的基本职能。"工作分析"通过收集大量的数据，把岗位任务和任职资格标准化，让所有员工都按照同样的标准完成工作。21世纪初期，美国劳工部还开发了一套标准化的工作分析问卷，收集了上千个岗位的数据，建立了一套庞大的O*Net工作分析数据库。

　　科学管理大幅提高了管理的效率，福特T型汽车借助科学管理的高效管理模式，迅速在20世纪上半叶成为爆款产品。

　　20世纪后半叶，戴明关于质量误差的理念在日本得到应用，帮助日本迅速改善了产品质量，该理念在第二次世界大战之后迅速发展。20世纪80年代，摩托罗拉公司在与日本公司的竞争中痛定思痛，发明了把误差控制在六个标准差之内的六西格玛质量控制系统，进一步把误差控制做到了极致。这些管理方法的发展，使组织越来越像一台精致、高效的机器，个人不需要有自由意志，不需要社会网络，组织中存在一个"最好"的工作方法，个人只要按照这个工作方法做事，就能够获得组织的奖励，成为一名好员工。

　　去个体化的背后是正态分布的统计思想和管理理念的发展。统计分布是对一个总体样本中不同数值分布情况的描述。不同类型的统计分布有不同的特征。正态分布的特征是：大部分样本值都集中在以平均数为中心的两个标准差的范围内，最高值和最低值差距并不大。正态分布非常常见，如人的身高、体重、智商等都呈正态分布。在正态分布中，样本值的变动范围是有限的。例如，中国成年男性的平均身高是 169.7cm，一位成年男性再矮，一般也不会低于 150cm；一位成年男性再高，也不可能超过 10m。这就是正态分布的特点：样本值在一个很小的范围内波动，最高值和最低值之间的差异不大，所以可以用平均值来作为整体样本的代表。当我们说中国成年男性的平均身高是 169.7cm 时，并不是说某位中国男性的身高是 169.7cm，而是假设存在一个"标准人"，用来代表全体中国成年男性的身高。

正态分布被誉为最美的统计分布。对称、钟形的正态分布揭示了宇宙的秩序和理性之美。人们计算了大量事物的数值分布，发现从小行星的轨迹到人们的身高、体重等，都符合正态分布。在工业革命突飞猛进的 19 世纪，正态分布帮助人们控制机械部件的误差，使机器能够精确地运行。正态分布所代表的理性、秩序的观念贯穿整个工业时代，是工业时代最重要的底层思维之一，产生了极为深远的影响。工作的标准化提高了组织效率，降低了员工的学习成本，但是也使个体价值创造的增长空间极其有限。员工要做什么、怎么做，组织都给了明确的框架，员工做得好与不好，都是在这个框架里进行的。跳出这个框架的行为，即便给组织创造了更多的价值，也很少会受到额外的奖励。

组织社会的人才环境：圈层化

....

组织社会人才环境的第二个特征是圈层化。圈层既有按照层级划分的圈层，又有按照职能、地域等划分的圈层。圈层使组织中的每个人都能尽责地完成圈层限定的任务，促进了分工的专业化。20世纪初，德国社会学家马克斯·韦伯（Max Weber）提出了科层制组织架构，认为"标准"的组织形态应该具备以下特征。（1）专门化：组织中的每个岗位都有专业的分工，每个人都在自己的职责范围内完成自己应该完成的事情。（2）等级制：组织自上而下形成命令链，下级要接受上级的指令，上下级之间有着清晰的职权划分。（3）规则化：组织有一套标准化的规章制度，组织成员之间都依靠规章制度互动。（4）非个人化：公私分明，组织成员不能因为个人的情绪、私心等影响组织的运转。（5）技术化：组织成员凭借自己的专长做事，组织根据成员的专长和贡献升职加薪，提供相应的职业发展机会。

当组织内部被划分成一个个壁垒森严、自上而下的圈层时，员工要做的就是按照组织期待的成功的样子，从一个低层级的圈层慢慢"爬"到高层级的圈层，最终成为老板的"圈内人"。组织会把员工按照资历、能力划分为不同的职级，每个职级都有相应的薪酬范围、汇报关系和调动资源的权限。从较高职级到较低职级形成了命令链。这使员工的职业生涯发展成为一场按照规定的职级向上晋升的"爬梯子"游戏。一些历史悠久的知名公司有自己独特的晋升路径，员工可以根据自己的工作年限建立稳定的晋升预期，每个职级对资历的要求也清晰可见。这使员工只需要按照不同职级的标准化要求做事，就可以获得稳定的职级晋升和相应的薪酬、权限提升。员工不必费心设计自己的职业生涯路径，只要沿着一个搭好的梯子爬上去就好了。

无论层级高低，圈层中的员工都以眼前的利益为重，盯着自己的"一亩三分地"。基层员工关注自己的利益，中层管理者关注自己团队的利益，高层管理者关注自己部门的利益。员工更加关注上级领导对自己的评价，上级领导不关心的事情，员工就不会重视。例如，当你去一家连锁餐厅吃饭，发现菜单有问题，反馈给一线的点餐员，点餐员会觉得菜单是公司统一安排的，"纠正菜单上的错误"不在自己的岗位职责范围内。这就是典型的圈层思维：有非常清晰的边界意识，对于超出岗位标准化要求的工作不愿意承担责任，更不要说进行跨部门协调、解决问题了。同样，圈层思维使中层或高层管理者在面对问题时相互推诿、扯皮，难以协同起来共同解决问题，最终导致圈层中的员工难以发挥更大的价值。

现代商业社会用了数百年的时间，建立了这样一套精细化分工的运作体系，大部分人只需要安稳地待在一个固定的圈层，就可以获得稳定的收益。每个人都受到圈层的限制：一个企业家可能会受限于行业的圈层，每天都从本行业出发思考问题；一个职场人可能会受限于自己岗位的圈层，即便做到高管职级，也还是恪守专业边界；一个大学生可能会受限于自己地域或专业的圈层，不敢跨越圈层，探索未知的世界。

组织社会中的人际网络需求

....

在科层制组织中，人们彼此之间仍然有连接，形成了人际网络的需求。1924—1932年，哈佛大学教授乔治·梅奥（George Mayo）在西方电器公司霍桑工厂进行了一场实验。这是一家制造电话交换机的工厂，有着完善的娱乐设施、医疗制度和养老金，但是工人们仍然满腹怨气，生产效率低下。梅奥原本是想研究照明对生产效率的影响，但是没什么结果。但他在研究中意外发现，工人在访谈中倾诉对公司的不满，反而能够提高工人的产量。霍桑实验挑战了泰勒的假设，泰勒认为员工只有变成孤立的个体才能高效工作。相反，梅奥认为，人是社会化动物，关心和尊重能够提高员工的工作效率。最新的认知神经科学研究表明，人类的大脑中具有"社会脑"的脑区，人们渴望建立社会连接，获得社会奖赏（他人的尊重、认可等），避免社会痛苦（他人的排斥、指责等）。这是梅奥实验背后的本质。

渴望建立人际网络连接的本能让泰勒的科学管理体系和韦伯的科层制组织成为一种反人性的、最终无法达到目的的管理模式。个体不可能完全放下自己的喜怒哀乐，完全戴着组织的面具生活。

即便在严格的等级制组织中，个体也依然有机会建立创新网络，为自己创造一个良好的生态环境。富士康是工业时代组织的巅峰，以严格的管控体系著称，工人们普遍觉得生活无聊单调。然而，在一位叫王来春的打工妹眼里，富士康的生活并不无聊。1988年，21岁的王来春成为富士康内地工厂的第一批打工妹。当时的富士康工作条件远比现在艰苦，许多员工都因难以忍受而辞职。然而王来春一干就是十年。在王来春眼里，富士康派来的台湾管理干部工作都很努力，每天早晨起来跑步、早读；上班时手把手地讲解指导，下班后还会给员工讲课，如果生产线遇到了问题，他们会直接冲到生产线上，和员工一起解决困难，几天几夜不睡觉。王来春从基层做起，在富士康做了十年，晋升到管理层。1999年，她离开富士康创业，成立了从事连接器制造的立讯精密工业股份有限公司（以下简称"立讯精密"），其早期业务获得了富士康的支持。今天，立讯精密已经是一家市值3 000多亿元的大型公司。

王来春从严苛的等级制组织基层做起，逐渐搭建创新网络，最终通过这张创新网络孵化出自己独立的事业。在王来春看来，她的上级不但是工作上的领导，还是共同解决问题的伙伴、努力工作的榜样、提供专业知识的老师。她与富士康之间建立了效仿、学习的关系，并通过富士康看到了电子信息产业的宏大图景，而且她与富士康建立了良好的信任关系。这使她离开富士康创业时，仍然能够获得富士康在资金和业务上的持续支持。这个案例对每个身处等级制组织基层，认为自己缺乏创新网络的个体都颇有启发。工作中的上下级是任务–指令的关系，但只要抱着谦逊、学习的态度，持有开放的心态，对他人真正感兴趣，就能把这种关系变成师生般的学习关系，以及共同解决难题的战友关系，这两种关系是更加平等的、持续的，也能不断给人们带来新的连接，扩大人们的创新网络。

开放的创新网络和封闭的等级制组织有时候并不那么泾渭分明。王来春的故事并不是个案。许多A类人才的起点并不高，他们没有显赫的家世和充足的人脉，都是在等级制组织中从一颗小小的螺丝钉开始做起，但是他们能够从等级制组织中慢慢接触和搭建自己的组织内外部的创新网络，建立业内口碑，从而可以不依附等级制组织而发展。

　　开放还是封闭，广阔还是狭小，有时候就在自己的一念之间。A类人才即便看似身处狭小、封闭的岗位，但他们心态开放，对身边每个可以学习、合作的人都充满真诚的兴趣，通过这些人逐渐打开一个越来越大的广阔的世界。富士康是快速成长的全球电子产业链上的关键一环。依靠富士康高效的制造能力，苹果公司的智能手机得以低成本、规模化生产。在富士康生产线工作的工人，如果只看到自己负责的工序和狭窄的宿舍，那么他只能看到一个封闭、狭小的空间。但如果他能够看到生产线上要解决的问题，能够看到生产线上的产品所引领的电子产业浪潮，那么展现在他面前的，就是一个广阔、开放的世界：能够快速描绘出一个产业上下游的价值链是怎样发展的，价值链的关键点在哪里，价值链上有哪些发展的机会，电子产业和其他产业是如何融合的。这些产业价值链上的要素，组成了一个巨大的创新空间，到处都可能有机会。王来春的立讯精密最早就是抓住了电脑连接器这个小部件，成为苹果公司电脑和iPad的供应商，随后成为爆发的智能手机产业中连接器的领导者。

网络社会的人才环境

网络社会打破了组织社会去个体化和圈层化的限制，使个体拥有越来越大的自由连接形成网络的权力。在组织内部，随着各种通信工具和协同办公软件的发展，组织内部跨越层级、部门、地域的沟通越来越便利，客观上降低了个体跨越圈层建立连接的成本。而在组织外部，个体也能够低成本地和供应商、合作伙伴、用户等建立联系。跨越圈层、建立网络联系的行为大部分都是组织成员自动、自主发生的。除了业务流程上的配合关系，组织很难强制要求员工一定要和谁建立怎样的联系。然而，组织可以给员工提供宽松的、建立网络的便利，让A类人才能够更多地涌现。具体而言，图3-1所示的四张网络对A类人才的涌现特别重要。

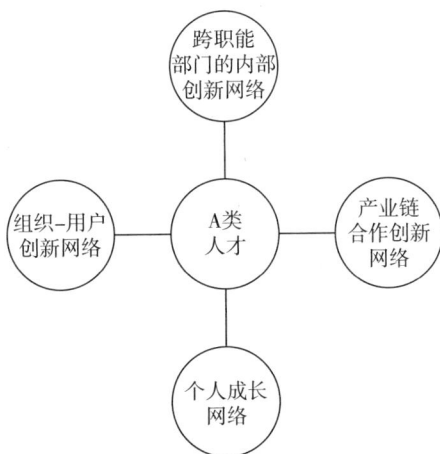

图3-1　Ａ类人才的四张网络

1. 跨职能部门的内部创新网络

人们在工作的时候常常会被划分到某个具体的职能环节，如销售、采购、研发等。一家公司要为用户创造价值，就要把这些环节串联起来，组成一个整体。个体很容易因为专注于自己的价值创造环节而忽略整体价值链的运转逻辑，最后导致所做的事情从局部看起来很不错，但由于和其他环节配合不佳，因此并没有产生真正的价值。掌握价值链思维，要把公司的业务流程，从研发、生产到制造等环节层层拆解，做一个宏观上的把握。还可以以自己的工作为中心，描绘出自己的工作和其他同事的工作是怎么配合的，描述出局部价值链的运转逻辑，思考应该如何改善价值链。在工作中，可以通过与同事交流，询问他们的工作流程，从而把不同同事的工作流程拼在一起，细微地刻画出自己所在的价值链是如何运转的，有什么可以优化的地方。

例如，如果你是一名招聘专员，你可以选取一个岗位，分析这个岗位从招聘、培训到绩效考评的人力资源流程是怎样运转的。你还可以进一步分析这个岗位都做哪些工作，这些工作对公司有什么价值。从招聘这件事情出发，你可以从同事那里学到很多关于业务运转的知识。组织里各个岗位都是密切配合、相互交错的。你可以利用在工作中和同事打交道的机会，向他们学习不同岗位的价值创造过程，日积月累，逐渐获得关于公司乃至整个行业的价值链全部图景，拓展自己的创新网络。

在组织内部，正式的组织职权已经越来越不足以让一个人做出有价值的成果。越来越多的研究者指出，在组织内部，真实人际网络的影响力是个体价值规模化的关键。许多"空降兵"虽然有很高的职位，但是由于其在组织内部的真实人际网络中缺乏影响力，甚至难以融入一个组织长期固化的真实人际网络，导致想法难以落地，难以做出业绩，最终导致很快就离开。克劳斯和帕克研究了许多组织内信息和能量沿组织内真实人际网络流动的情况，指出信息在关键网络节点的不流通会导致组织实际任务受阻。

A类人才与家庭成员、职场上下级、同事、供应商之间有着更加深入、信任的关系，并且能够获得这些关系所连接的二度人脉甚至三度人脉，进入更加广阔的世界。例如，当获得上级的信任时，上级可能会介绍公司里更高层级的人脉给A类人才；当获得某个客户信任时，这个客户可能会介绍新的客户给A类人才。"小世界"人的人际网络相对封闭、静态，而A类人才的网络则是一张不断打开的、动态的地图。

2. 组织-用户创新网络

不论你在公司处于何种岗位，只要多去接触、了解用户，就有助于你看到公司的产品或服务进步的可能性。例如，在京东创业初期，刘强东为了了解客户，亲自扮演客服人员，回应用户的问题，在一线了解用户的投诉。如果你所在的公司生产的是面向C端（消费者）的产品，你可以看看身边的朋友中有谁使用你公司的产品，与他们深度交流这些产品的使用感受。如果你的公司生产的是面向B端（企业）的产品，你可以和销售人员一起去拜访用户，了解用户对公司产品的真实感受。或者你可以扮演客服人员，在公司产品维护的过程中倾听用户对产品的抱怨。甚至你自己也可以成为公司的用户，购买公司的产品，体验公司的服务，从用户的视角去理解公司的产品。这种训练至关重要，即使用户提出的问题和需求目前公司满足不了，你也可以从中学习，从用户的视角思考问题，把自己的工作环节与用户的需求结合起来。此外，你还可以比较自己公司的产品与竞品的差异，从而站在用户视角洞察行业发展的趋势。许多行业的转型就是在用户偏好的细微转变中发生的。例如，著名视频流媒体网站奈飞（Netflix）的崛起，就是因为当时有大量的用户对主流的录像带租赁商不满，而奈飞采用了更好的服务模式，从而迅速占领了市场。

A类人才能够跨越组织–用户边界形成用户心智洞见，能够跨越圈层组合资源，领导多元异构的团队和用户需求对齐，而大部分人都以自我体验和圈层内的认知为中心，只能调动本圈层内的资源，按照通用流程满足圈层标准接口的需求。A类人才致力于整合自己网络中的知识、经验和资源，设计产品和服务，与用户的心智对齐，而不是只在意自己做的事情是否符合公司的期待。在职场上，A类人才时刻思考着用户的体验旅程是怎样的，如何更加深度地洞察用户的心智历程，如何让用户有更好的产品或服务体验。这里的用户不但包括使用组织产品或服务的用户，也包括组织的内部用户。A类人才常常能够设身处地地理解用户的感受、用户的利益得失，任何时候心中都有用户；而大多数人主要关心自己的感受、自己的利益得失。A类人才是网络和用户体验之间的连接者。他们一方面对用户体验有深度洞察；另一方面能够在公司内外部网络中搜索知识、信息和资源，通过组合创新为用户创造价值。而圈层内的人更多地关注自身的兴趣、爱好和能力。例如，他们会更加在意通过提升自身能力来解决工作中的问题，而不是为了解决问题而聚合多方资源。

3. 产业链合作创新网络

个体要想获得成功，不但需要组建组织内部网络，还需要组建组织外部网络，借助内外部网络的共同力量让自己的价值最大化。麻省理工学院组织行为学教授安科纳关于外向型团队的研究表明，在互联网时代，成功的团队是在组织内外部建立连接，获取资源和支持的"外向型"团队。封闭在组织内部、只关注团队内部成员凝聚力的团队往往会失败。由于信息技术的快速发展，组织的边界正在快速模糊，越来越多的组织打开边界，让自己成为平台上的节点。例如，华润集团开设了名为"润加速"的创新加速平台，连接外部创新项目和华润集团内部各部门，加速内外部的信息流动和资源对接。大量产业互联网平台的涌现，深化了产业内信息交换的速度，提高了产业效率，也让产业各环节原先割裂的节点成为紧密联系的网络。例如，由华为公司的几名前员工创立的专注汽车后市场的平台开思时代，开发了一套将汽车零部件标准化的算法，让汽车装备厂商能够快速检索配件，让配件厂商和汽车维修站能够在一个平台上高效合作。

多与产业链不同环节的合作伙伴交流，了解产业链各环节的分化和融合趋势。通过在工作中接触相应的网络节点拓展和了解这个网络节点，从而了解价值创造过程和未来的趋势。例如，你所在的公司是一家整机制造商，当采购原部件的时候，你可以了解供应商未来的研发计划，了解这个零部件未来发展的趋势，从而看到你所在的行业产业分化的趋势。每个产业都是通过不断地分化，形成更加多元、深入的品类，从而实现发展和进化的。如果你是一名营销人员，你可以从新媒体运营的供应商那里发现最近的短视频营销运营进展、最新的流量运营思路，从而了解未来营销的趋势。专业、前沿的合作伙伴是极好的学习对象，善于学习的A类人才能从他们身上学到快速发展的行业趋势和变化。

工业时代的发展就是一个全球价值链不断进化分工的过程。各种经济要素的最小单元越来越精细化。以品类的发展为例，营销专家指出，在品类的发展历史中，分化是主流，从来都是把一个大的品类不断地细化成很多更小的品类。无论是高科技领域还是低科技领域都是如此。例如，计算机这一大的品类分化成了软件中心、计算机、电脑硬件和个人电脑软件等品类；打印机这一大的品类分化成了激光打印机、喷墨打印机、快速打印机等很多新的品类。在低科技领域，早期的咖啡店提供各种各样的食物，包括鸡蛋煎饼、汉堡、热狗、三明治等，而现在这些食物都有专门的售卖店，如专门售卖汉堡的汉堡王、专门售卖三明治的赛百味等。当各种品类都分化成更小、更专业的品类和产品的时候，A类人才会有所觉察，并通过专业化的分工把各方面的专业化资源整合起来，从而获得更大的优势，创造更大的价值。

A类人才置身于一张越来越复杂和精细化的合作创新网络之中。进入21世纪的第三个十年，A类人才所面临的最大挑战和机遇，都在于商业要素颗粒度的细化。京东首席战略官廖建文指出，进入第二次机器时代后，在第一阶段，即IT时代，人们构建了商业智能时代的基础设施，并以互联网为中心重构了人类社会和产业结构。这一阶段的商业核心逻辑是共享、长尾、去中心化。在数字化的过程中，人们搭建了一个网络化的社会结构。最有价值的商业是能够连接供需双方的信息平台，如谷歌、百度、腾讯、阿里巴巴等平台型公司。在第二阶段，精准、智能、高效逐渐成为商业的核心逻辑。在这个时代，有价值的商业是能够在正确的时间、正确的地点，以正确的方式向正确的人提供正确的产品或服务的精准匹配商业。在IT时代，很多公司仅提供对接供需双方的信息平台，而在智能时代，精准匹配变得更加重要，企业要在动态的移动化场景下，精准地完成协同。例如，像今日头条这样的公司能够完成非常精准的人和信息的匹配，而IT时代的门户网站只是把信息放在网站上，让用户自己搜索想要的信息。

在智能时代，商业范式正在经历一场深刻的变革。首先，通过数字化技术，生产要素的颗粒度变得越来越小。其次，数字化要素之间的匹配组合和优化也做得越来越深、越透，用户可以更加精准地获得自己想要的产品或服务。例如，在广告行业，广告正在从打扰式的信息轰炸变成可接受的、有效用的信息互动；在出行行业，乘客的出行效率和司机的行驶效率都得到了提高，乘车等待时间和空车率大幅降低；在教育行业，从千篇一律的标准化教育变成因材施教的、能够在任何时间和地点发生的持续的开放体验；在零售行业，零售正在成为无时不有、无处不在的个性化体验。

廖建文认为，在物理学领域，从牛顿力学到量子力学是一个划时代的飞跃。当研究的对象从宏观低速的质子变成微观高速的量子时，整个物理世界的理论体系都要被重新建构。商业世界也在经历着类似的事情。20世纪40年代，当计算机刚诞生的时候，需要一个很大的房间才能装下。之后计算机经历了从大型机、小型机、微型机到手机，再到现在的互联网的发展演变过程。计算机的计算能力在不断增强，但是体积在不断变小。在金融领域，众筹的兴起，让融资这件事情从原来由银行掌控的大体量融资，变成社会上各种闲散的资金单元可以在很短的时间被快速整合起来。数字化加深了组件细颗粒化的程度。原先用户购买了产品之后，企业并没有留下关于用户的数据。但现在在淘宝上，用户的购买行为被精确地记录下来，电商公司可以非常清晰地描绘每个用户的偏好，从而精准地向用户推荐其所想要的产品，提高购买率。在视频内容行业，最早流行的是电视剧、电影这类长视频，但是现在流行的是抖音视频号这些只有一分钟或几分钟的短视频。从长视频到短视频的变化，不只是视频时长的变化，也是内容制作逻辑的变化。在短短一分钟内，可能需要容纳好几种原有长视频的制作技术，使短视频变得有趣好看。再如广告行业，在电视广告时代，广告时长可能长达几分钟。但在数字广告时代，如果你觉得广告没有意思，就可以单击"跳过去"。广告的颗粒度从一分钟起精细到一秒。对Ａ类人才来说，需要适应这样一个颗粒度越来越小的世界，在非常小的颗粒度上理解和建构这个世界。

4. 个人成长网络

Ａ类人才有着组织之外的导师和伙伴。在成长的特定阶段，Ａ类人才会寻求能够指引自己少走弯路的导师。导师提供Ａ类人才发展所需的知识、经验、资源、机会等，也会开放自己的二度人脉给Ａ类人才。Ａ类人才还会寻找能够和自己一起成长、提供反馈的伙伴，帮助自己洞察真实、客观的自我。

A类人才与年龄无关，任何人都有可能在任何时间成为A类人才，只要他能够转换思维。过去十年，人们经历了移动互联网对商业世界的剧烈颠覆。为了应对高速变化的商业环境，组织试图在效率和灵活之间找到新的平衡，也希望释放出更多个体的价值，让组织更有活力。扁平化的组织架构、透明的信息沟通机制、灵活的OKR管理和宽带薪酬等模式变化，为职场人打破价值瓶颈创造了很多有利的条件。然而，无论外部商业环境和内部组织环境怎样变化，如果职场人自身仍然习惯于工业时代的价值创造方式，每个人依赖组织所限定的工作角色做事，那么就永远不会超越组织设定的成功标准，职场天花板的瓶颈就会一直难以打破。我们需要一场职场人的思想革命，让A类人才的理念和做事方法深入每个组织、每个部门、每个团队、每个人，唤醒每个人内心深处的A类人才潜能。

很多A类人才并非天生优秀，而是经历了痛苦的"出圈"过程。我们研究了许多A类人才的成长过程，当脱离舒适的"同温层"后，A类人才要在资源稀缺的"荒岛"上求生，然后经历一次次的"圈层升级战"，最终洗尽铅华，找到真我。在这个过程中，A类人才不断地进入全新的圈层，不断地和不同领域的新思想、新技术碰撞，最终成为思维开放、跨界思考、可以让许多新领域连接的A类人才。

A类人才是产业价值网络的组织者。人类天生就有与不同领域的人接触和交流的能力，这是人类的社交天性。在工业时代，由于等级森严的组织架构，跨部门交流被隔绝了，人类的这种天性被压抑了。而在智能时代，随着各种信息交流工具的兴起和发展，打通了组织内部的信息壁垒，组织内部逐渐变成一张互相联通的信息网络，并与外部的网络相互沟通和交流。

A类人才在组织内外部有着丰富的个人成长网络，这些网络包括各种各样的专业社群俱乐部、行业里的小圈子、主题沙龙等。这些网络并不一定与Ａ类人才当前的专业直接相关，而是可能触达很多未知的领域。例如，当一个Ａ类人才对哲学突然感兴趣的时候，他可能会去参加一门哲学课程，接触一些哲学方面的研究者和爱好者。通过这张网络，他可以快速了解自己之前不知道的一个陌生的领域。也许这个领域当前对这个Ａ类人才并没有什么用，但是未来某一天可能就会发生重要的作用。乔布斯在上大学的时候学了一门书法课，这门课当时看起来没什么用，但是乔布斯后来在设计苹果电脑的时候，这门课就在苹果电脑的字体设计中发挥了重要作用。

Ａ类人才是一种保持开放心态、充满强烈好奇心的人。他们知道，在面对复杂问题的时候，单靠单一学科的思维是无法解决这些问题的。所以，他们乐于建立多元思维模型，从不同学科的视角去审视复杂的问题，找到最佳解决方案。这种多元思维模型的建立并不只靠读书，而是靠接触各种各样的人。Ａ类人才能够从这些人的身上学习他们的思维方式，并与自己的工作结合起来。因此，Ａ类人才往往生活在那些充满多元文化氛围、有跨界交流机会的城市或社区。

多元异构网络为Ａ类人才的组合创新提供了丰富的素材。所有的创新本质上都是一种组合。如果你不知道有哪些旧的要素，你就无法把这些旧的要素组合起来，从而做出新的东西。因此，Ａ类人才必须非常广泛地探索各种各样的网络，在这些网络里汲取思想和创新资源，最终把这些思想和资源输入流程性组织，转化为用户价值。

第 4 章

A 类人才画像：网络社会价值创造逻辑的变革

A

从组织社会到网络社会的人才画像

在组织社会，对人才能力的预期，归根结底是要求人才具备适应组织标准的能力。这种人才观从工业革命早期就在组织中根深蒂固。组织孜孜不倦地分析最佳实践，确定每个岗位最好的员工标准，再让员工适应这个标准。无论是泰勒的时间－动作分析，还是后来兴起的能力素质模型，其基本假设都是员工不知道怎样做是最好的，组织要替员工设立一个最好的"工作标准"，让员工按照这个标准去工作。组织社会和网络社会的人才画像对比如表4-1所示。具体而言，在组织社会的人才画像中，个体被要求服从组织所设定的工作方向和上级设定的工作目标，采用岗位所规定的工作方法和工作资源。这种假设背后的根本人性假设，是把人当作服从组织整体效率的工具，而不是一个完整的、有自己想法的个体。正如汽车工业的缔造者福特说过的一句话："我只需要一双手，而不需要一个完整的人。"

"成为适应组织标准的人才"这一人才观在整个20世纪都占主导地位，即使在组织社会向网络社会过渡的今天，这一人才观也有强大的影响力。而在网络社会，组织中的个体要成为不断打破上限的价值创造者，而不是组织的适应者。例如，在产品开发、市场开拓等高度不确定的活动中，由高层设定的方向可能由于信息不充分而不一定正确，而在实践的过程中，当Ａ类人才发现了更好的为用户创造价值的方向时，那么就应该允许他们推翻原有的方向，为用户创造更大的价值。这就需要A类人才拥有与传统组织社会的"层级人才"截然不同的能力：定义用户目标、定义工作目标和组合创新。如果这三项能力中任何一项有所缺失，A类人才就无法冲破组织标准的束缚，独立创造价值。

表4-1 组织社会和网络社会的人才画像对比

对比项	组织社会	网络社会
人才标准	适应组织标准的人才（层级人才）	不断打破上限的价值创造者（A类人才）
工作方向	服从组织设定的工作方向	能够定义用户目标
工作目标	服从上级设定的工作目标	能够定义工作目标
工作方法和资源	依靠自身的能力和权限所配置的资源	跨界组织资源，组合创新
工作环境	去个人化、圈层化	跨职能网络、组织-用户网络、产业链网络、个人成长网络

用户目标给出了价值创造的方向。定义工作目标能让A类人才找准自己的定位。组合创新能让A类人才调动远超自身能力的知识、技能和资源来实现用户目标。在A类人才看来，洞察用户需求和体验的能力、细颗粒度分工和拆解的能力、跨领域网络搭建这三种能力是一个完整的整体。

对用户需求和体验的洞察，可以为A类人才创造价值，提供意义和方向，帮助A类人才在迷茫和不确定的情境下找到可以持之以恒努力的北极星。就像杰夫·萨瑟兰（Jeff Sutherland）在《敏捷革命：提升个人创造力与企业效率的全新协作模式》一书中所说的，在不确定的环境下，唯一可以坚持和盯住的就是用户价值最大化。为了这个目标，什么都可以变化。失去了对用户需求和体验的洞察，A类人才做的所有事情都将没有意义。

细颗粒度的分工和拆解，更多的是一种寻找创新要素的能力，就像乔布斯在设计iPhone的时候，能够意识到手机屏幕的耐磨性会对用户把手机放在口袋里的体验有重要的影响，最终他找到了康宁重新生产了已经停产几十年的耐磨玻璃。细颗粒度的分工和拆解能力使Ａ类人才能够在非常细节的地方为用户创造卓越的体验。如果没有这种能力，对用户需求和体验的洞察就只是一种空想。

跨领域网络搭建是一种整合生态伙伴共同创造价值的能力，它要求Ａ类人才既要对商业模式和产品服务架构有深刻的洞察，又要人情练达，与各生态伙伴保持良好的关系。没有这种能力，Ａ类人才只能孤军奋战，也无法把对用户需求和体验的洞察转化成实实在在的产品和服务。

下面具体阐述Ａ类人才这三种核心能力的行为表现。

能力一：定义用户目标

··········

由于受限于自身的知识和经验，用户常常不知道自己想要什么，或者即便知道自己想要什么，也很难清晰地表达出来。A类人才要成为独立的价值创造者，首先要具备定义用户目标、引领用户的能力。A类人才要能够带领用户鼓起勇气，排除障碍，找到路径，通往艰难但充满激励的目标，这是"超越用户想象"的本质所在。对于用户目标，企业要比用户更加坚定，更加熟悉路线图，只有这样才能引领用户往前走。要清晰地定义用户目标，A类人才要做到以下两点。

1. 抑制从自己的视角理解他人的冲动

A类人才往往对他人有一种深刻的关怀和同理心，能够体验与自己不同背景的人的真实情感和诉求。例如，拼多多的创始人黄峥是精英名校出身，但是他能够看到中国底层的消费者内心到底想要什么，并据此创立了拼多多，满足这些消费者的需求。A类人才就是具备这种强大的同理心和换位思考能力的人，他们不只关注自己的利益，更关注他人的利益，哪怕和自己的背景完全不同的人的利益。对用户体验设身处地的理解和共情，并不是一种全新的能力，而是一种人类的本能。人类天生就有了解、同情他人的愿望，刚出生不久的孩子就能够通过父母的表情理解他们的心理变化。A类人才之所以能够激发自己的共情本能，是因为他们能够抑制从自己的视角理解别人的冲动。

每个人都有自己的经验、身份和角度，很多人都会自动调动自己的经验去想当然地理解别人。而Ａ类人才有很强的、经过有意识训练的自我控制能力，能够控制住这种冲动，让自己尽量客观地理解别人所处的环境。

这种自我控制能力可以在与人沟通、交流时，通过不断地自我提问、打断惯性思维来训练。例如，当你和一个不熟悉的人交流时，你很容易就陷入社会比较的思维，比较自己哪里比对方强，哪里比对方弱，这种"争强好胜"的心态，会让对方感到你有一种高高在上的优越感。对你自己而言，这种心态会让你陷入说服别人、分出输赢的心理，而忘记交流的原本目的是什么。这时候，你可以问自己：我现在在做什么？我为什么要和这个人交流？这些问题能够帮助你从展现自我的惯性中跳出来，把自己暂时放在一边，专注于了解对方的信息，以实现交流的原本目的。

2. 超越产品和技术，看到更高层次的目标

Ａ类人才能够超越产品和技术，看到更高层次的目标，这使他们能够理解用户更高层次的需求，带领用户看到自己想要的终极目标。福特有句著名的关于用户需求的断言："如果你去问用户他们想要什么，他们只会告诉你，想要一匹跑得更快的马。"马是工具，快是目标。Ａ类人才能够比用户看得更远，能看到用户真正的需求并不是"一匹跑得更快的马"，而是"更快"。

这种看到更高层次目标的能力在组织社会中是被压制的。由于精细化分工，人们成为一部巨大的效率机器上的螺丝钉。20世纪早期，在工业革命达到巅峰的时候，德国社会学家马克斯·韦伯（Max Weber）指出，无论机器有多么强大，它永远只能解决工具理性的问题，能够提高人们做事的效率，但是并不能解决人们做事的目标和意义的问题，也就是价值理性的问题。Ａ类人才能够超越用户，看到更

高层次的目标，因为他们对事物的目标和意义充满好奇心，总想探究事物背后的根本目的，看到更大的路径。

这些更高层次的目标常常指向大众用户的普遍需求，往往根植于一些非常古老的永恒的问题。例如，手机面临的用户需求就是"人类如何进行更高效的沟通"这样一个一直存在的问题；汽车面临的用户需求就是从a点到b点的高效移动，这也是一个永恒的需求。A类人才对这些问题和需求有非常深刻的理解，并经常尝试用一些新的手段来解决这些问题。

A类人才还对如何解决永恒的问题的路径有着自己独特的看法。例如，高瓴资本创始人张磊在2008年就意识到随着中国经济的发展，消费者需要有更高质量的日化产品，会产生消费升级的需求。但是诸如宝洁这样的跨国公司，由于自身所具有的历史包袱，没有办法满足中国消费者消费升级的需求。于是高瓴资本就在全国寻找那些愿意挑战欧美日化企业巨头的企业家。最终高瓴资本投资蓝月亮，并帮助蓝月亮把握中国消费升级的大趋势。高瓴资本把自己称作"思想的孵化器"，其投资逻辑是先形成一种关于用户的洞见，再去找相应的人，实现这种洞见。这就是A类人才的思维方式。他们能够看透用户真正想要什么，并且带领用户实现他们想要的东西。对更高层次目标和实现路径的把握，使A类人才能够把高层次的目标和低层次的目标关联起来，从而引领用户、组织成员、合作伙伴从具体的事情做起，一步步走向更高层次的目标。

能力二：定义工作目标

....

1. 打破自己的角色固着

组织社会为了保证整体的效率，往往采用去个人化的机制，让个人固化在工具的身份中，而忘记了自己是一个完整的、自由的、有独立思考能力的人。一旦脱离组织赋予的身份，个体就会感到强烈的不安定和恐惧感，最终不得不回归某种认同的身份。艾里希·弗洛姆（Erich Fromm）在《逃避自由》一书中描述了人类这种想要摆脱母体、走向独立，又渴望获得安全感的矛盾心理。自由意味着独立，也意味着孤单和自己要承担起所有的责任。每个人的身份都是在个人和集体之间不断转换，个体需要从集体身份中抽离，把自己放在一个相对独立、客观的位置上，进行独立思考。

萨特的存在主义哲学给了人们一个重新审视自己的思维工具。这一影响了20世纪五六十年代一代西方年轻人的哲学认为，人处于一种自在而非自为的状态，人是一个活物。萨特举了一个很有意思的例子：一名餐厅接待员并不一直是一名餐厅接待员，因为当他晚上回到家，可能就有了另一个身份。萨特用这个例子来说明人应该有灵活的状态，而不是一个工具、一个物体。身份本质上是把人当作工具，当人们说"我是一名人力资源专员""我是一名总经理"时，其实就是把某种身份固化在自己身上，让自己陷入了某种功能。

人们可以通过增加多种身份和角色，来让自己避免这种身份的固着。例如，在公司内部，你可以在本职工作之外多参加一些跨部门的学习小组或公司内的兴趣社群，一方面让自己结识更多的朋友，另一方面可以以多种灵活的身份与同事相处，增强自己的灵活性，不断发掘自己的潜能。著名的合弄制（Holacracy）管理方式，就是通过这种方式来增强每个人角色的灵活性。一个人在公司中可以承担多个角色。例如，一个喜欢编程的人力资源专员，既可以做人力资源管理工作，又可以参与编程研发。在组织社会，为了避免分工混乱，个体应尽可能承担清晰明确的分工。而在网络社会，无论是通过合弄制这样的管理创新，还是跨部门的小组，个体都有很多机会打破身份的固着。

增加多种身份和角色会增加个体的自我复杂性，让个体有更多面向和可能性，这样即便一种身份受到打击，其他的身份也能够帮助个体维护自尊和自信。如果一个人只有一种身份，如果发生公司变动或行业变迁，使其不能继续拥有这种身份，那么这个人的自尊心、自信心就会受到很大的打击。

2. 激发为用户目标而工作的内在动机

2021年春节，小品演员贾玲导演的首部电影《你好，李焕英》收获了出人意料的高票房。同时，关于贾玲跨界的争议也在网络上喧嚣一时。人们质疑贾玲是小品演员出身，非导演系科班出身，觉得像她这样的非专业人士是不可能拍出好电影的。然而，对贾玲来说，她的目标并不是取得多高的票房，而是给观众带来欢乐。无论是电影还是小品，对她来说都是创造欢乐的手段。

所谓"专业""专家"的视角，有时候会让人们失去为用户目标而工作的内在动机，变成为身份、地位或外在物质激励而工作的奴隶。A类人才不在意有没有耀眼的头衔，而在意能否持续不断地创造更大的价值，在意明天的自己能否超越今天的自己，创造出更大的价值。这是一个分工越来越专业化的世界，每个人都被放在专业化的小格子里面。谁能够跳出这些格子，放下岗位和身份的束缚，持续投入热情为用户创造价值，谁就能获得真正的成功。

组织为了维护高效的运转，给每个人的工作都设定了一定的标准，达到标准就有奖励，达不到标准就有惩罚。久而久之，人们工作的目标不是完成任务，而是满足上级和组织的期待。工作成了一件极其枯燥无聊的事情。渐渐地，人们把自己真实的想法隐藏起来，戴上了厚厚的面具，戴久了，就渐渐忘记了面具后面那个真正的自己。人们不关心用户，不关心同事，不关心自己所做的事情能不能真的产生价值，只关心自己是否满足上级的期待和工作标准。如果上级的想法不断变化，人们也会不断调整自己的状态，以适应上级规定的标准。

A类人才在乎为用户创造价值而带来的成就感，即便没有任何外在的奖励。例如，一名清洁工喜欢行人走在他每天清早起来打扫得干干净净的街道上；一名程序员喜欢用户使用他研发的程序提高每天的工作效率；一名书店老板喜欢用户在书店里买到自己喜欢的书。这种内在的动力，促使A类人才每次完成工作之后都不想停下来，而想要做更多、更有挑战性的工作。而在物质激励的驱动下，一旦物质需求得到满足，或者物质激励的增长放缓，个体就会失去工作的动力。

这种内在的为用户创造价值的动力的激发，往往来自与受益人的接触。组织可以创造用户与组织成员接触的机会，让组织成员知道，用户不但购买了自己公司的产品和服务，还因为这些产品和服务获得了利益，对这些产品和服务充满了认可。即便只有一部分用户感受到"产品和服务真正创造了价值"，并给予组织成员反馈，也能激发组织成员强烈的内在动机。A类人才能够通过主动接触用户，或者接受用户的主动反馈，源源不断地获得用户的正向激励，从而形成正向反馈循环，拥有持续不断的内在动力。

3. 积极承担未被明确分工的任务

每家公司在设置任务分工时，总会有一些没有被分下去的任务，这些任务常常处在不同岗位、不同层级之间的连接地带。如果员工秉持"各人自扫门前雪"的态度，那么这些任务就没有人去完成，导致公司的整体利益受损。身份来源于分工，当人们太在意自己的身份的时候，就会太在意分工而忘记了整个系统，从而阻碍自己发挥更大的能力。

无论在组织中身处高层还是基层的人，都可能缺乏这种主动承担责任的意识。如果一家公司的管理者高高在上，那么这家公司往往会制定一些不接地气的战略。而基层员工常犯的一个错误是，只把自己当作基层员工，只关注自己的"一亩三分地"。

A类人才无论身处基层还是高层，都不太计较个人得失，愿意做超出岗位的事情。例如，一个处于基层岗位的A类人才，当他遇到困难的时候，会向高层求助，争取某种资源。这时候，高层通常不会责怪，反而会很开心地给予支援。基层员工需要有一个更大的视野，不把自己只当作一名基层员工，而是看到客户的利益和解决客户问题的可能性。同样，处在高层的A类人才也不会因为自己是管理者，就坐在办公室里，不接地气地瞎指挥，而是愿意深入基层进行调研，了解实际情况，再做出符合实际情况的决策。通过持续承担"分外"的工作，A类人才逐渐培养出了一种灵活的、可以收缩或扩张的角色感，这种角色感让A类人才既能够恪守本职工作，又能不固守于角色，时刻跳出角色的边界，承担更大的责任。

能力三：组合创新

....

移动互联网和数字化技术的进步大幅降低了协同成本。现在人们依靠智能手机就可以实现实时的全世界各种创新要素的组合和协同。这在过去是难以想象的。组织、协同、创新越来越成为A类人才的核心能力。组合创新是一个拆解创新要素，再重新磨合，组成新的产品和服务，持续反复迭代的过程。

1. 从组件层面打开产品和服务的"黑箱"，形成组件库

A类人才具有透过表面，从组块层面解构产品和服务的能力。这个世界上的产品和服务对大多数人来说都是封装好的"黑箱"。例如，对于一台电脑、一个鼠标，甚至一个杯子，人们并不知道这些东西是由什么组成的、怎样生产出来的；有人觉得一台电脑的键盘比另一台电脑的键盘更好用，但往往说不出来到底为什么会更好用。这是绝大多数现代人认知世界的方式。工业时代，人们面对的是一个个被封装好的产品。人们只需要关心怎样跟这些产品交互，把产品用好，而不用关心产品的内部结构，因为人们只是产品的使用者，而不是产品的设计者和创造者。但是A类人才有一种不同的思维方式，他们不但关心产品好不好用，还关心产品背后的原理是什么，产品是怎样生产出来的，可以被拆成哪些细颗粒度的组件。乔布斯在很小的时候就喜欢拆各种各样的电子设备，探索这些设备的构造。这种习惯使乔布斯能

够从一种非常细颗粒度的视角去看待整个世界。

对一般人来说，技术是一个"黑箱"。但对A类人才来说，这个"黑箱"是可以打开的。哔哩哔哩网站上有一个非常火的UP主，叫作"回形针"。他所制作的视频主题是"现代生活的说明书"。这些视频涉及的内容包罗万象，如光盘、二手书、帆船、全球互联网等人们生活中各种各样的事物。这位UP主所采用的视角就是打开"黑箱"，使用生动活泼的3D动画，让人们看到熟悉的事物背后的结构，以及这些结构如何服务于人们的生活。通过这些视频，人们认识到自己平日里熟悉的产品，其实可以从更细小的颗粒度去理解，从而了解这些产品是如何形成的。

组件是理解技术的核心。著名技术哲学家阿瑟·布莱恩（Arthur Brian）指出，所有的技术都是由一个个细颗粒度的组件组成的。例如，一台电脑由处理器、内存、主板、键盘、屏幕等一个个组件组成。这些组件由不同的厂商生产，组成一个庞大的产业链。现在经济的强大之处就是可以通过非常细致的分工，让专业的人做专业的事，提高生产效率。当一个组件出现问题的时候，人们可以找其他的组件来替换，而不至于影响整个产品的生产过程。这样生产效率就提高了。

组件的本质是对已知问题的标准解决方案。当人们遇到某个问题的时候，可能会尝试寻找一些新的解决方案，并最终找到一个好的解决方案。各种解决方案沉淀在人类已有的知识和经验库里成为组件，人们可以在这些组件的基础上创造全新的产品，而不必从头开始，一个个地解决每个组件所涉及的问题。所以说，任何一个创新看起来是解决了全新的问题，但实际上其所涉及的大部分问题都是由已有的组件解决的。

一般人看到的世界是产品和服务的世界，而A类人才看到的世界是组件的世界。许多组件贯穿了一些看起来不同的产品。例如，有一家叫Gore-tex的面料公司，由于掌握了某种技术专利，能够生产世界上最耐用的防水、防风、透气的面料。这种面料可以应用于许多不同的产品，常见的户外登山衣、登山鞋就是用这种面料制作的。这种面料还能够用于波音飞机上的一些电子产品和医疗行业人造血管工业产品中的滤波器等的制造。Gore-tex认为自己生产的不是一种单纯的面料，也不是一种服装，而是关于纺织品的技术。一般人只需要知道衣服防水耐用就好了，但A类人才能够更深入地看到衣服背后应用的纺织技术，从而将其纳入自己的组件库，成为日后创新的原材料。

A类人才就是这样一点一滴积累创新的原材料，形成自己的组件库，在日后某个不经意的时刻，用这种原材料创造出意想不到的产品和服务。在斯坦福大学生的毕业演讲中，乔布斯回忆说他在上大学的时候选修了一门书法课，这门课主要教学生设计一些字体，以及如何改变字母的间距，让书写变得好看。乔布斯被这门课迷住了，但是当时他并没有想过这门课会给他带来什么用处。当他进入信息技术产业，为电脑设计字体时，他在这门书法课上学到的东西就产生了作用。他为苹果电脑设计了一种带有高度艺术气息的字体，吸引了很多用户。

2. 基于组件库打磨创新要素，组成新的产品和服务

技术的创新都有其进化逻辑。没有什么创新是突然而来的，都是旧有元素的重新组合。A类人才痴迷于不断重新改造、组装这些不同的组件，以创造出新的产品和新的商业。打开iPhone，你会看到iPhone是一种装满了各种发明的"集装箱船"，乔布斯，或者说苹果公司的强大之处，不是发明了iPhone，而是把许多已有的创新组件精彩地融合在一起，打造了一款完美的产品。iPhone所使用的玻璃是康宁公司在20世纪70年代发明的，这种硬度很大的玻璃原先是打算用在汽车上的，但是因为造价过高而没有使用。iPhone所用的多点触控

技术，最早是用来帮助打字有困难的人的，后来这项技术被苹果公司收购，开创了全新的人机交互方式。iPhone中所用的拍照稳定技术是日本人发明的，最早用在单反相机上，后来苹果公司将其应用在手机上。

从组件库形成新的产品和服务，需要一个反复打磨、组合的过程。在《遗失的访谈》中，乔布斯说，从好想法变成好产品，需要大量的加工，不是说你有一个很棒的想法，告诉员工，员工就会回到办公室让想法变成现实。你的头脑中可能要记住超过5 000个问题，并把它们组合在一起，让各种想法在一个全新的模式下共同运作，最终融会贯通。

泰德·贝克（Ted Baker）和里德·尼尔逊（Reed Nelson）在《无中生有：通过创业拼凑构建资源》一书中指出，创新是一个"从小到大"，利用手头有限的资源，创造性地组合、应对问题、发现新机会的过程。组合不但包括物质的组合，也包括技术、技能、制度、网络等的组合。在A类人才的脑海里，每天都会涌现大量的新想法。这些想法包括新的技术组合、新的人才组合、新的制度组合等。A类人才在大脑中不断组合，把这些要素变成一个整体。这个组合的过程不是线性的，常常要经历一个顿悟的过程。顿悟是一个从混沌中突然发现秩序、看到整体的过程。因此，A类人才有时候要有一个比较宽容、自由、开放的思考环境，从而把握灵感，看到新的整体框架。

组合创新的难点是让已有的模块改变用途，适应新的用途，这需要A类人才能够不断地把原有组件重新组合，变成新的产品和服务。例如，现在广泛使用的电脑的图形化界面，最早是由施乐公司的研究中心开发出来的，它可以帮助用户更简便地操作电脑，完成任务。但当时施乐公司并没有意识到图形化界面在个人电脑上的应用潜力。而乔布斯看到施乐公司开发的图形化界面后，迅速把它的功能整合到苹果公司的电脑里，并且配套了新的鼠标、键盘等组件，开创了划时代的个人电脑时代。

在数字化时代，个体之间创造价值的差异越来越取决于协同组织精细化商业要素的能力，而不是个人能力。这是因为分工越来越细，商业要素越来越精细化，个体越来越难以独立完成价值链条上的所有环节。以iPhone为例，当你把iPhone拆开，会发现其中的大部分零部件都不是苹果公司发明制造的。苹果公司的强大之处在于，它拥有组织高度精细化的商业要素、创造新价值的能力。例如，乔布斯在康宁公司找到了高硬度玻璃之后，迅速和康宁公司一起搭建了这种玻璃的生产线，在极短的时间内实现了量产，然后通过高效的物流系统送到中国富士康的手机生产线上，由高效的中国工人完成了手机组装。A类人才能够创造超越普通人十倍、百倍的价值，因为这些人才是精细化商业要素的价值链组织者，能够像乔布斯一样，把一块原本已经没有价值的玻璃，变成跨时代的智能手机上华丽的屏幕。

这种从其他地方获取组件，而非完全原创的做法曾经一度被认为是"抄袭"，但随着对创新过程的理解日益加深，人们逐渐意识到这是创新必经的过程。创新的关键不是发明新的组件，而是让已有的组件发生新的作用，从而组成新的产品、服务和商业系统。

A类人才让组件之间不断磨合，组成新的系统的过程，也是A类人才之间不断协同、组成新的创新网络的过程。A类人才之间相互协同的时候，并不会过早地进行标准化和规模化，而是充分尊重每个人的个性和价值观，让每个人都能够发挥自己最大的价值。在协同的过程中，A类人才要让自己生长出多元跨界的思维模式。A类人才不一定要在每个领域都十分精通，但是要协同其他人才，也要了解其他领域的基本结构，了解有哪些组件库可以用。只有这样，A类人才才能够组合这些组件，协同其他人才，搭建新的系统。在《遗失的访谈》

一书中，乔布斯把团队成员之间相互磨合的过程，描述成一堆普通的石头经常摩擦，发出些许噪声，最终变成美丽光滑的石头的过程。乔布斯说，一个理想的团队，是"集合了一群才华横溢的伙伴，让他们互相冲撞、争执，甚至大吵，这会制造一些噪声。但是，在工作的过程中，他们会让对方变得更棒，也让点子变得更棒，最后就会产出这些美丽的石头。"

第 5 章

A 类人才和职场瓶颈突破

组织社会和职场停滞

························

　　在金字塔形的等级制组织中，晋升机会的稀缺是造成职场停滞的主要原因。在一家大公司，每个层级的晋升都会有大量人被淘汰，只有少数人能够晋升到公司最高层级。并且，由于商业环境的快速变化，大公司自身也处在动荡变化中，"自动扶梯式"的职业路径已经很难实现。进入一家大公司，从基层做起，随着资历的增加不断升职加薪曾经是很多大学生的职业理想，但现在这样的机会越来越少。各个层级的员工都有内卷化的焦虑。大量的人去争夺有限的机会，最终导致竞争越来越激烈。例如，现在用人单位对学历的要求越来越高，这是因为很多行业市场已经饱和，而想要分蛋糕的人越来越多。如果没有人走上"新船"去创造新的蛋糕，就只能在旧船上激烈地竞争有限的蛋糕。成为A类人才，创造价值增量，是走出内卷化的职场格局的关键。

　　A类人才的思维为破解稀缺的职业晋升机会难题带来了全新的思路。越来越多的大公司提供了不晋升也能做出重大贡献、获得更高薪资的机会。而快速兴起的大量小型创业公司更是有着灵活、扁平的架构，充满了做出贡献、创造价值的机会。对A类人才而言，职业生涯发展的重点应该是如何在一家公司乃至一个行业找到最适合自己创造价值的位置，要成为不断破解行业难题、持续创造更大价值的人才。职业生涯不再是一个线性的、爬楼梯的过程，而是一个动态的、以用户需求为中心的、持续的过程。外在的光鲜头衔并不重要，重要的是能成为持续的价值创造者。

A类人才的职场策略

::::::::::::::::::::

小王 2015 年毕业于长沙一所三本院校的工商管理专业，因为父母曾经在深圳打工，所以毕业后他决定到珠三角工作。一开始，小王跟着亲戚一起在东莞做装修等工作，后来他觉得在亲戚的庇护下自己成长得不够快，而且这份工作赚钱不多。于是，小王到深圳谋求新的发展机会。

一开始小王并不清楚自己要做什么，只是随处投简历，正好一家人力资源公司的总经理和他是老乡，于是机缘巧合之下，小王入职这家公司做销售。经过两三个月的适应，小王开始找公司同一个部门做得比较好的，但是工作上其实没有交集（但有竞争关系）的销售人员学习。一开始这些销售人员根本看不上小王，他也只是静静地倾听，揣摩这些销售人员聊天的风格，听他们的经历、为人处世的方法，以及与客户对接的话题。慢慢地，小王开始融入他们的交流，也知道了如何打通客户关系，从而掌握了销售工作的基础做法。他开始接触公司市场部、总经理，建立了更多的联系。

和市场部一起参加活动时，小王接触到人力资源方面的一些专业社群，他惊讶于还有这样专业的学习圈层，于是就开始和这些社群频繁地打交道、参加活动、建立联系。小王的经验是：人都是感性的，只要相处多了，自然就能建立信任关系。同时，小王发现了自己在人力资源领域的短板，于是他开始看一些专业书籍、行业资深人士写的文章，获得了与圈子里专业人士交流的机会，进一步拓展了圈子的质量。这为小王带来了源源不断的客户，他在入职第二年销售成绩就做到了这家公司深圳分公司的前三名，并且成功竞聘管理层，成为公司主管。

在本书的撰写过程中，我们和小王有过多次深度交流，我们认为他能够很好地体现A类人才的特点：能够快速理解不同圈层人的想法，积极主动地拓展多元异构的创新网络，在职场上能很快地做出远超同事的业绩，步入升职加薪的快车道，对工作充满热爱，等等。更加重要的是，小王出身"草根"，从一个并不高的起点开始打拼，很快就做出了卓越的成绩。A类人才并不只是那些自带耀眼光环的精英群体，更多的是像小王这样，敢于打破自身圈层限制，闯出一片天地的人。每个人都有可能成为A类人才。

每个人都有可能在职场的不同阶段遭遇瓶颈：在刚入职场时，想要摆脱一无所知的"小白"状态，或者在不同的岗位之间摇摆不定，不知道自己该做什么；熟悉工作后，想向更高的管理层突破，但发现自己越来越力不从心，升职速度越来越慢；很多已经在公司中身居高位的管理者，发现自己在全行业可能也没有几家公司能提供同等的岗位，自己处于人人羡慕的职业生涯的巅峰位置，但要想再前进一步，却并不容易。

小王的案例体现了A类人才常见的三种职场突破策略，包括有意识地超前接入和搭建创新网络（内部创新网络和个人成长网络）、把边缘岗位变成重要岗位（在普通的销售岗位上做出超常的业绩）、跳跃式晋升（通过主动竞聘）等。A类人才的职场突破不只是为了追求更高的职位，也是为了创造更大的价值，这与传统组织中直线晋升的思路不同。当组织不能满足A类人才的需求时，A类人才会跳出组织，在更广阔的天地寻找能够实现更大个人价值的位置。下面，我们将详述A类人才突破职场瓶颈的这三种策略。这三种策略是彼此承接的关系，首先要有意识地超前接入和搭建创新网络，其次才能把边缘岗位变成重要岗位，最终才能获得跳跃式晋升（见图5-1）。

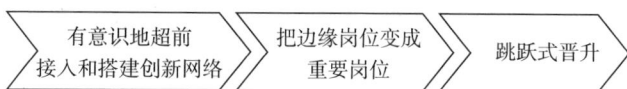

有意识地超前接入和搭建创新网络 ▷ 把边缘岗位变成重要岗位 ▷ 跳跃式晋升

图5-1　A类人才的职场突破策略

1. 有意识地超前接入和搭建创新网络

最近本书其中一位作者的朋友从法国回到国内工作，和作者交流时，她问法语老师的工作前途在国内怎么样。这位朋友在法国生活了多年，并不了解国内的情况。她之所以想找一份法语老师的工作，一部分原因是对法语的热爱，另一部分原因是她觉得法语是她最强的技能，如果不做法语老师，她不知道该做什么。因为她家境不错，没有太大的工作压力，作者就建议她先不急着去工作，而是先花半年到一年的时间多去接触不同的圈子。虽然这位朋友回国工作的城市是她从小长大的城市，但是也有六七年没有在这里生活了，许多东西她并不熟悉。重新建立人际网络的过程，是一个了解最新资讯和自我探索的过程。这位朋友之所以觉得法语是自己的强项，是因为她没有看到自己身上更多样化的可能性。作者建议她给自己更多一点耐心，多带着好奇心去探索这座城市，也许在某场沙龙聚会中，遇见某个有趣的人，就能打开一扇全新的窗户，发现一个未知的自己。

在面临职业瓶颈时，许多人着眼于自身能力的提升，想通过在某方面的能力达到卓越，以突破能力瓶颈。但是，在工作中人们往往缺乏相应的锻炼机会，从而陷入死循环：越没有锻炼的机会，就越无法突破能力瓶颈；越无法突破能力瓶颈，就越缺乏相应的锻炼机会。然而，对A类人才而言，在面临职业瓶颈时，他们会超前接入和搭建创新网络，从创新网络中积累资源，获得资讯。"超前"的意思是，提前半年、一年甚至更早，接入或搭建一张可以持续支撑职业发展的网络，随着网络一起成长。

建立网络需要超前，因为创新网络中建立连接的机制遵循"社会交换"的原理，这和人们通常工作中的"经济交换"机制不同。经济交换是基于契约的、即时的交换。例如，员工付出劳动，即时获得工资。如果迟发工资，员工就会感到组织违背了契约。而在社会交换中，付出和收获不是立刻发生的，也并不要求对等，而是基于长期信任延迟发生的。例如，你帮了朋友一个忙，如果朋友立刻给你回报，你反而会觉得见外。因为在社会交换中，大家在意的是彼此之间长期的关系，而不会急迫地要求利益交换。从短期来看，进入一张创新网络没有什么即时的回报，甚至要先付出。但是，从长远来看，创新网络中积累的信任是宝贵的社会资本，能够提供稀缺的信息、资源和合作机会。

A类人才会花费时间和精力，在组织内部和外部超前以"不求回报，只求付出"的心态搭建创新网络，逐渐成为创新网络中的关键节点，和网络一起成长。由于个人的时间和精力有限，在尝试接触不同的创新网络后，A类人才就会逐渐发现哪些创新网络具备长期的成长性，内部有着良好的学习和成长氛围，代表了未来发展的趋势，从而可以在不同的创新网络之间做出取舍，接入最适合自己发展的创新网络。最好的创新网络并不一定是那些有着"顶尖高手"的网络，如果与网络中的其他人差距过大，新人就很难在这样的网络里找到共同话题，融入网络。一个合适的创新网络应与A类人才当前的背景、发展阶段相似，能与网络中的成员同步成长、进步，由不成熟变得成熟，逐渐发挥更大的影响力。

对职业发展较为重要的外部创新网络主要是学习型创新网络。学习型创新网络是来自相同或不同领域的人，通过正式或非正式的学习建立的创新网络。正式的学习包括上课、参加工作坊等；非正式的学习包括以问答的方式在社群内进行交流。同领域的学习型创新网络主要是本领域内的同行交流组织。同行交流组织会跨越公司，触达行业的前沿问题。组织的主题可能比较宽泛。例如，在本地的人力资源交流社群，人们可以交流人力资源范围内的一切问题，定期举办沙龙讲座活动。组织的主题也可能非常专业。例如，在软件开发行业的敏捷开发社群，软件开发人员可以了解敏捷开发的专业知识，参与组织活动，从而在敏捷开发这个领域获得长期的知识和经验积累，获得职业机会。无论更换什么工作，软件开发人员都将在这张敏捷开发的创新网络里学习和成长，并让敏捷开发这个前沿、专业领域的知识成为其职业发展中的核心竞争力。不同领域的学习型创新网络，是围绕创新、个人成长、读书会等跨领域的主题组织起来的学员社群。在这些跨领域的学习型创新网络中，大家可以交流不同领域的思想和方法，得到启发。

学习型创新网络通常有交换信息和资源的功能。不过有的外部创新网络一开始就定位于资源交换。例如，商务社交组织（Business Network International，BNI）致力于搭建不同领域的人脉连接和资源交换平台。每个分会都有来自不同领域的专业人才。BNI每周都会举行聚会，聚会有结构化的流程，大家在聚会中互相引荐资源，成就彼此的事业。

内部创新网络主要来源于与不同部门同事的互助合作。这要求A类人才拥有相对开放的心态，面对公司其他部门同事的求助，能够力所能及地给予帮助，不求短期回报，建立跨部门的连接。除此之外，A类人才搭建内部创新网络的捷径是选择那些距离用户较近，处在多个创新网络节点的新兴岗位，如组织发展、HRBP、数据产品经理等。这些新兴岗位看起来工作内容比较模糊，但发展迅速，因为它们具有重要的网络价值。例如，HRBP处在业务部门和HR部门的交会节点，数据产品经理处在用户和技术开发的关键节点。这些岗位的出现，是因为组织意识到专业部门之间存在断点，需要有人来协同。这些岗位的价值正在迅速提升，能够驾驭这些创新岗位的稀缺人才往往能受到组织的重用，也有机会触达更多不同背景的创新网络。

2. 能上能下，把边缘岗位变成重要岗位

在管理学中有个著名的彼得原理，是指在各种组织中，由于组织习惯对某个等级的人员进行晋升提拔，结果一个人总是会被晋升到自己不称职的职位。例如，在公司中一名优秀的技术人员被提拔到管理人员岗位，他并不胜任这个岗位，但是组织也不能把他降职，因为降职意味着组织之前的升职决定是错误的。于是，在很多大型组织中充满了不胜任的管理者，这些管理者本身无法发挥才能，还压制了比他们层级更低的人发挥才能。

以晋升为导向，能上不能下的职业发展路径当前仍然深入人心。在大多数人眼里，升职意味着加薪，意味着在组织中享有更高的荣誉。然而，高层级的职位总是有限的，绝大多数人在经过了长期努力之后，总会进入一个升职瓶颈期，正如彼得原理所说，上升到一个自己无法胜任的职位。这时候人们就会陷入痛苦、焦虑、迷茫之中，有一种强烈的停滞感，觉得自己的职业已经达到天花板，没有办法创造更多的价值。由于事业陷入停滞，人们还会充满担忧和恐惧，害怕比自己层级更低的人有朝一日会取代自己，让自己失去现有的位置。这种心态会引发组织内的斗争。一些身居高位的人会打压有潜力的新人，限制他们的发展空间，以免他们威胁到自己的地位。结果组织内部的效率受到影响，优秀的人才无法晋升，只能离开组织。而组织中充满了大量精致的利己主义者，他们关注自身的利益大于组织利益。

A类人才之所以能上能下，是因为他们在心态上超越了自我关注，并且掌握了"把小事做大"的方法。

在心态上，A类人才有着较少的自我关注，看重自己能创造的价值远大于自己所在的位置。A类人才超越了自我关注，有着强烈的"繁衍"动机，这使他们能够不在乎组织中层级的升降，而是能上能下，专注于价值创造本身，跨越职业瓶颈的周期。职场瓶颈所带来的

焦虑感会贯穿人们的整个职业生涯，是人类成年期最主要和最普遍的心理危机之一。心理学家爱利克·埃里克森（Erik Erikson）把人类一生的心理发展过程划分为八个阶段，每个阶段都有一种主导型的心理危机，是发展中的关键转折点，如果能够顺利解决危机，就能够增强自我的力量，顺利地度过这一阶段。在25～65岁成家立业这一主要阶段，停滞与繁衍是一对主要的发展矛盾。个人可能有两种选择：陷入自我专注的停滞期，只关注自身利益和身边小圈子的利益，不顾他人的困难和痛苦；或者往积极方面发展，关注家庭成员和社会上其他人的利益，不只为了个人利益而工作，走出一条"修身、齐家、治国、平天下"的广阔的人生道路。繁衍不只是养育后代，更是关注他人利益，创造新的事物。

繁衍动机也可能让A类人才离开环境舒适的大公司，进入条件艰苦的小公司，这也是A类人才能上能下的一种表现。进入小公司创业的高管，常常会降低薪酬和待遇，还要面临不确定的职业前途。如果他们此时有较强的自我关注，还以在大公司的方式行事，那么就很难适应创业公司的节奏。A类人才从大公司进入小公司，首先问的不是"我能得到什么"，而是思考"我能创造什么"。他们不会鄙视之前在大公司不用亲自去做的基层工作，而会充满好奇心地学习自己不熟悉的领域。

在方法上，A类人才能够把小事做大。A类人才熟知飞轮效应的原理。飞轮效应是管理学家吉姆·柯林斯观察到的推动公司持续发展的根本力量。飞轮的本质是正反馈回路，当一件事情的结果能够帮助同样的事情在下次做得更好的时候，就形成了转动的飞轮。飞轮一开始推动起来比较艰难，但是由于持续改善的力量，当飞轮推动一定时间后就会产生爆发性的力量。A类人才知道，只要能够形成正反馈循环，一件看似不起眼的小事，在经过一轮轮持之以恒的推动后，就能够产生难以想象的复利效应，最终创造巨大的效果。A类人才做事的起点可能只是一个简陋的最小可行化产品、一个不成熟的活动策划，或者一个背景并不强的团队，但是 A 类人才能够看到可期的未来，并持续迭代，不断优化，带领团队把一件不起眼的小事经过千百次的迭代，最终推到一个难以想象的高度。

把小事做大的能力让 A 类人才不在乎当下所处层级的高低，甚至能够把一些看似不重要的工作岗位变成重要的工作岗位，把组织的边缘业务变成核心业务，从而获得超常规的晋升。在 A 类人才看来，组织中有大量看似边缘但是价值远远没有发挥出来的岗位，如一些偏远地区的业务、一些还未充分发展起来的新业务等。A 类人才不愿意追求那些看似处在较高层级，但已经没有什么发展空间的岗位。他们能上能下，愿意降低职位，去担任那些艰苦但充满前景的岗位。在组织中很少有人能看到这些岗位的前景，或者说，很少有人能在这些岗位上创造出价值。但 A 类人才能把这些看似不重要的岗位变得重要。

能上能下，把边缘岗位变成重要岗位的能力，让 A 类人才能够跨越企业和职业发展的 S 曲线，从根本上突破职业发展的瓶颈。每个行业、每家公司、每个岗位都受到 S 曲线发展周期的影响。例如，一家公司开发了一项新业务，一开始处在上升期，但是随着竞争者的加入和市场规模的限制，会逐渐触达业务规模的上限，于是公司的发展就遇到了瓶颈。公司中的每个人也会遇到自己的职业发展瓶颈。如果公司的 S 曲线不能突破，那么公司中每个人的职业发展瓶颈都不能突破。而突破 S 曲线，无论是发展新的业务，还是开拓新的市场，都可能意味着既有的利益格局被打破。新业务发展起来，旧业务的规模就可能下降，旧业务的管理层就可能被边缘化。例如，电子商务业务的发展，可能会对线下业务造成冲击，这是许多实体企业转型电子商务遇到困难的关键所在。而新市场的开拓，可能会重塑市场格局，也会改变组织架构和高层岗位的人员配置。A 类人才能够看到，公司在突破 S 曲线的过程中，会着眼于未来更加重要的、能够带领公司突破 S

曲线的成长性岗位，而不是当前重要但未来可能会被边缘化的停滞性岗位。A类人才会把自己突破职业发展瓶颈和公司突破业务瓶颈融为一体，为公司拓展新的成长点。

3. 不求面面俱到，采用组合者策略解决重大问题，获得跳跃式晋升

一些岗位的晋升路径，通常是先进行一定的岗位历练，逐渐达到综合、管理岗位能力的要求，再晋升到更高的岗位。例如，人力资源岗位分为招聘、培训、绩效考评、薪酬等职能模块。如果一名人力资源专员想成为人力资源总监，通常会在这些职能模块上都历练一段时间，等经验都具备了，才会被晋升为人力资源总监。这种"面面俱到"的职业发展路径需要耗费较长的时间，而每个职能模块又都有较强的专业要求，短时间内的积累深度有限。因此，许多职场人陷入了两难的境地：如果花费较长的时间在某个岗位上深耕，那么全面和综合能力就会比较差，往往不容易获得晋升；而如果把各职能模块都历练一遍，那么在有限的时间内对每个模块掌握的深度是不够的。

这种面面俱到的职业晋升路径，本质上仍然是一种静态的、直线型职业晋升路径。这种晋升路径假设，当人们掌握每个职能模块的知识和经验后，就能够胜任由这些模块组成的更加复杂的综合管理岗位。然而，这些职能模块真的能够完美地组合成一个整体吗？如果这些岗位的历练是在不同行业，而这些行业本身的属性各不相同，那该如何组合？如果是在同一家公司，那么这家公司内部的这些岗位之间是否组成了一个有机的系统？公司的组织架构和管理体系是否在持续升级？升级是否会造成之前职能模块的历练经验失效？这种面面俱到的直线型职业晋升路径，是一种"小镇做题家"式的思维方式。小镇做题家是指出身小城镇，埋头苦读，擅长应试，但缺乏一定视野和资源的青年学子。小镇做题家的思维方式是：我把每门课的成绩考好，完成规定的科目，就能够获得我想要的成绩。

2012年，职场社交网络领英创始人里德·霍夫曼（Reid Hoffman）出版了《至关重要的关系》一书，指出职场人应该放弃追求稳定、直线型职业生涯的想法，而要把个人的知识、技能、资源、人脉、雄心抱负与市场需求现状组合起来，形成"拼图"。职场人不应该固守在封闭的工作角色中，而应该直面用户需求，整合自身的知识、技能和创新网络资源，为用户创造价值。A类人才正是这样一群永怀开放心态，不断做"拼图游戏"的人才。A类人才并不仰仗组织岗位所赋予的正式权力和资源来创造价值，也不会遇到岗位天花板。在他们眼里，每份工作都是一个创造价值的过程，都是在寻找自身能力、资源与社会需求的匹配。拼图游戏永远不会终止，永远都会有新的拼图被创造出来，职业发展是一条可以无限拓展的通道。岗位只是实现价值创造的一种工具，它的内容可以被设计、被塑造。

A类人才会"走捷径"，采用组合者策略，实现职业的跳跃性发展。他们不会按照一个个职业模块按部就班地逐步积累，而是瞄准组织要解决的重大问题，利用自身具备的专业能力，与创新网络中的专业能力结合起来，破解对组织至关重要的难题。A类人才深知，在任何一个领域的创新网络中，知识和技能都已经高度精细化和专业化，而且在不断增长，任何一个人穷其一生也不能完全掌握这些知识和技能。A类人才一方面着眼于在组织内部搭建跨部门的创新网络，以更好地从组织整体需求出发，定义组织要面临的重大问题；另一方面着眼于外部创新网络，了解全国乃至全球有哪些前沿的知识、技术和解决方案，以便在需要时快速获取它们，为企业所用。

例如，当一位招聘经理为其所任职的一家科技公司招聘紧缺的人工智能人才时，惯常的做法是了解岗位需求，在招聘网站上发布信息，等待应聘者投递简历。然而，A类人才的做法会有所不同，他们会先和公司内部的管理层交流，深入了解公司在人工智能领域的布局和战略规划表，从而对公司在人工智能领域要解决的问题和所需人才的节奏有一个宏观上的把握，了解公司招聘这些人工智能人才的真正意义是什么。然后，带着这些思考，A类人才会与一些有可能对公司感兴趣的人工智能人才交流，从他们的角度来判断公司战略的可行性。A类人才还可以根据自己了解的信息与公司管理层就招聘需求进行探讨。由于此时A类人才已经与外部人工智能人才进行了交流，因此其对公司在人工智能方面的战略意图就会有更深的了解，与公司管理层的对话也会更加有深度，公司管理层也会提供更多的信息。

招聘经理对公司招聘人工智能人才要解决的问题有清晰的认知后，就会拥有一个清晰的招聘定位，对于公司在发展人工智能战略的不同阶段需要哪些人才，也会有自己的思考。例如，一开始招聘的人才可能并不需要特别丰富的经验，但是要有较强的综合能力，要能与公司现有业务相结合。当业务发展起来之后，可以招一些有技术专长的人员，提高技术水平。这时候招聘经理考虑的问题已经不再是招聘具体岗位的问题了，而是公司要实现人工智能方面的战略，应该如何分阶段地搭建一个团队。带着这种专业化的思考，再去寻找相应的人工智能人才，这些人才也会觉得这家公司很专业。而公司也会因为这位招聘经理对团队建设有深入的思考，从而有更大的机会成功搭建人工智能团队。招聘经理在人才入职之后，可以持续追踪这些人才在公司的适应程度及其与团队的磨合情况，协同人力资源部门、薪酬绩效部门做好这些人才的持续价值提升。在招聘经理的努力下，如果公司的人工智能业务发展迅速，那么这位招聘经理就可以去新成立的人工智能部门担任人力资源负责人，甚至凭借自己对团队的了解，担任公司内部综合管理方面的负责人。

招聘经理的专业技能是招聘。但是他在定义一个问题的时候，并不只从招聘的专业角度去定义，而是从公司新的业务增长点出发，思考应该如何分阶段地搭建团队。招聘经理在定义问题的过程中，不只依靠自己在招聘方面的专业知识，也整合了公司内部的看法和公司外部人才的观点。这使招聘经理在定义问题时，比内部和外部的这些专业人才具有更大的优势，因为他能够整合内部和外部的两种视角来定义问题，视角更加客观、中立。而在解决招聘问题的过程中，招聘经理并不只是简单地使用自己在招聘方面的知识和技能，而是把自己视为一个人工智能团队搭建的协同者，并利用内外部创新网络的资源，共同组建公司的人工智能团队。这使其能够获得快速晋升的机会，而不必等到掌握了所有智能模块的知识和经验之后才获得晋升，更不必等到让自己成为一名人工智能专家，才能做好人工智能人才的招聘工作。

这种"走捷径"的能力对许多习惯了传统直线型职业发展路径的人来说，要经历痛苦的转型才能获得。从应试教育到科层制组织，教育系统和管理系统一直在"驯化"人们按照固有的流程发展，传统的组织职业发展道路也提供了明确的预期，个人只要按照组织的期待，遵从流程发展，就能获得想要的岗位。个人和组织之间达成了一种稳定的默契。个人知道，只要自己做到了组织期待的某些任务，就能够获得相应的晋升。明晰的规则让人有稳定感，但也让人有很强烈的身份感，陷入专业深井，固化在圈层的束缚中，为了满足组织的预期而工作。

第 6 章

以 A 类人才为中心的人力资源
管理系统

A

组织社会和现代人力资源管理体系的诞生

....

现代人力资源管理系统是和组织社会一起发展起来的。1898年，一名叫泰勒的工程师来到伯利恒钢铁厂，对搬运工进行了一场实验。当时伯利恒钢铁厂的管理方式是对干得多的工人进行奖励，对干得少的工人进行惩罚，但是并不限定工人的工作内容。泰勒仔细观察了75名工人，从中挑出了4名工人，再从这4名工人中找出了一名最能干又在乎钱的工人。泰勒仔细研究了这名工人的搬运过程，指导他使用更好的搬运姿势，从而大幅提高了他的工作效率。并且由于合理的劳动和休息安排，这名工人也不会感到过度疲劳。泰勒把这名工人的工作方式推广到其他工人，从而提高了工厂整体的工作效率。

这项当时并不起眼的实验，掀起了一场科学管理的革命。泰勒从中总结出了四项科学管理原则：研究工人工作的科学方法；科学地挑选工人进行培训；确保工人按照已经形成的科学的方法去工作；管理者负责制定工作规范，工人负责执行。这些原则迅速被应用在多个不同的行业，大幅提高了生产效率。工人们不能再按照自己习惯的方式工作，而要按照管理者为每个岗位所制定的标准工作。工作内容由公司决定，人才的标准也掌握在公司手里，公司知道什么样的人能够把工作做好。

泰勒所做的这项实验后来被称为工作分析，成为组织社会和现代人力资源管理的基础。作为一项独立的职能，人力资源管理是伴随着大规模组织的普遍出现而出现的。每本人力资源管理方面的教科书都会从工作分析开始讲述。教科书中通常会这样讲：要研究每个岗位的标杆员工，结合对公司战略的预测，分析出每个岗位的工作职责和对任职者知识、技能、履历等多方面的要求。有了这些工作标准，公司就可以进行招聘培训、绩效考核、薪酬激励等各方面的工作。公司在进行人才招聘时，要找到最符合这些工作标准的人才。公司要把已经招进来的、还不那么"完美"的人才按照这些工作标准进行培养。公司要用这些工作标准对员工的工作表现进行考评，对于不符合标准的，要给予反馈。公司围绕工作分析，搭建了一整套人力资源管理的现代体系。人力资源管理工作就是围绕工作分析进行人才的招聘培训、绩效考核、薪酬激励等工作。由于对每个岗位进行工作研究要耗费不少的时间成本，因此中小企业在这方面做得不太规范。美国劳工部集合了大量人力资源专家，开发了一套名为O*Net的工作分析系统，采用标准化问卷收集数据，对上千个常见岗位的工作标准进行了评估，最终获得了一套用于指导中小企业制定各岗位工作标准的数据库。

基于工作分析建立的组织社会的人力资源管理系统有一个根深蒂固的底层逻辑，就是每个岗位都有一个固定的人才标准。人力资源管理者的任务就是把这个人才标准找出来，以此为基础，建立一套严谨的选用育留系统。对个体来说，重要的不是发挥自己的才能，而是要琢磨公司的人才标准是什么，按照公司预期的方式工作，成为公司所期待的人才。美国行为科学家道格拉斯·麦格雷戈（Douglas McGregor）在其于1957撰写的《企业的人性面》一书中指出，"经济人"的人性假设认为人性天生厌恶并逃避工作、追求安全和安逸、胸无大志、缺乏进取心、不愿意承担责任、以自我为中心、缺乏理性、容易受环境影响等。这种假设与其说是人性的本能，不如说是个体为了适应标准化的工作体系而采取的策略。在一家公司，当成为组织所期待的人才是最重要的事情时，被动回避是个体的最佳策略。

组织社会的人力资源管理体系引发了一个微妙的现象：同一份工作，个体之间表现出的差异往往不是很大。这种现象是企业刻意为之的。企业需要的是一个持续、稳定运营的标准化体系，而不是过分依靠个人的经验。当初泰勒之所以建立科学管理体系，就是希望管理者能够超越工人，设计一份工作所需要的科学标准动作，从而摆脱工人的经验，实现大规模的高效生产。泰勒的科学管理体系开启了大规模标准化生产的大工业时代。这造成了一种矛盾的现象：一方面企业希望优秀的人才加入企业，另一方面企业又希望人才能够符合自己的标准，成为自己体系上的一颗螺丝钉。企业需要的是能够与整体系统协调的、符合自己预期的人才，而不是一个完美的人才。如果人才破坏了企业整体的协调和稳定，企业就会放弃人才。甚至许多企业会使用"强制分布"来控制人才绩效的分布，要求团队、部门在给员工绩效打分时，其A、B、C、D各等级要符合规定的比例，以精准地控制人才的分布。

持续、稳定运营的标准化体系给企业带来了巨大的竞争优势。企业把工作任务层层拆解，精细分工。每个人在限定的岗位上完成岗位所要求完成的标准化、专业化动作。企业的成功来自作为一个整体协同的力量，而不过度依赖个体的能力。20世纪早期福特汽车通过流水线的改造和大规模销售方式的开发，成为汽车行业的霸主。近百年来，虽然生产、研发、营销和管理模式不断进步，但这套建立标准化体系的思路仍然在很多企业中根深蒂固。

组织社会人力资源管理困境的本质

....

　　近年来，人力资源管理体系受到了猛烈的抨击。这些抨击主要指向人力资源部门不理解业务部门的需求，要彻底改革。改革的思路或者干脆取消人力资源部门；或者把人力资源部门拆分成为行政管理部门和向CEO汇报的战略人力资源部门。表面上看，这些争议的焦点在于如何让HR走出与业务脱节的困境，然而更深层次的问题在于，HR如何能够帮助个体更好地发挥价值，如何领导组织社会的人力资源管理体系转型成为网络社会以A类人才为核心的人力资源管理体系。

　　在变化越来越快的商业时代，组织中任何个体想要了解清楚动态变化的业务全貌都是很困难的。公司的业务逻辑逐渐从高层的战略假设驱动转向A类人才驱动。长期以来，人力资源部门都是围绕高层战略目标的制定和拆解展开工作的，大部分人力资源管理教科书也会把战略人力资源管理视为高级人力资源管理的关键。然而，在快速变化的商业时代，战略不是一种确定的目标，而只是一种战略假设。A类人才在实际工作的过程中，可能会验证这些战略假设，也可能会根据新的情况推翻这些战略假设，制定新的战略假设。战略目标和A类人才越来越有合体的趋势。如果没有A类人才，战略目标只是空谈。而当组织中有能够承载起战略目标的A类人才时，战略目标就会快速迭代、验证和自我更新。人力资源管理体系面临的真正困境在于传统的人力资源管理体系束缚了个体的潜力，导致组织中A类人才的密度过低，从而使公司的战略目标无法落地。人力资源管理最重要的目标应该是努力创造良好的吸引人才的环境，提高公司 A 类人才的密度，而不是用各种规章制度进一步约束人才发挥潜能。

在许多公司，员工都有一种自上而下的"不得志"的郁闷感，感到自己有很多潜能没有发挥出来，总是处于一种有力使不出的状态。这是因为员工在组织划定的成功标准面前，成了一个很无趣的"单向度"的人，只会用一种成功标准来看待自己。例如，作为一名销售人员，成功的标准只是业绩吗？作为一名人力资源部门的招聘人员，成功的标准只是到岗率吗？其实这些标准或数据都只是组织为了方便管理而设计的工具。对一名销售人员来说，最重要的是找到那些需要公司产品的顾客，并且把产品送到顾客手里。销售业绩只是一种手段，顾客满意才是真正的目标。而顾客满意又是什么呢？单靠问卷调查是无法明确这一问题的，需要销售人员对顾客的需求保持深刻的好奇心，探索什么是顾客想要的东西，最终提供让顾客满意的服务。同样，对 HR 来说，招聘的最终目的是让合适的人在合适的位置上。但怎么做到这一点呢？这就需要招聘人员多花一些心思去思考组织到底需要什么样的人。

越来越多的企业意识到组织社会所强调的标准化的人才观，已经越来越难以适应当今社会。大量"小镇做题家"的出现，是因为组织社会有明确的规则和标准的考试系统，人们有很强的识别规则和适应规则的能力。但是，一旦进入一个模糊不确定的商业世界，当规则不再清晰的时候，这类人就很难再像从前那样取得优秀的成绩。他们已经习惯按照某个规则去适应或获得表扬，然后继续付出更多的努力，如此循环。在这种情况下，要想取得好成绩，核心就是研究和琢磨规则，把规则琢磨透了，结果自然就会好。但是当进入一个没有明确规则的领域，需要自己设定和创造规则的时候，这类人很快就会遭遇失败。心理学家艾伦·温纳（Ellen Winner）曾经对许多天才儿童进行了研究。他发现，只有很少一部分天才儿童最终会成为革命性的创造者。这部分孩子必须经历一场痛苦的转型，从一个在既定领域毫不费力就能迅速适应的孩子，转变成为最终重新改写某一领域的成年人。而大多数天才儿童未能完成过这样的转型，他们以普通人的方式发挥自己非凡的能力，而不去打破常规和现状。

大多数教育系统和公司的管理系统，都在努力塑造适应规则的人才，把他们训练成最优秀的、听话的"绵羊"。进入智能时代，这些人才将越来越难以适应新的工作模式。一些新兴公司的人才观，如谷歌的Smart Creatives（有技术知识、业务特长，同时还有创造力的复合型产品人才），都在淡化岗位的概念，而是强调能够跨界解决复杂问题的能力。当前，人们正在面临100多年来人才观念最大的一次转型，优秀的人才不再是那些仅适应某个领域的给定标准的人才，而是不断打破上限的价值创造者——A类人才。

以A类人才为中心的人力资源管理变革

....

从20世纪90年代起，最早进入数字化时代的美国科技公司开始意识到，在科技行业，人和人之间的差异非常大，有时只需要少数人才就能创造大量的价值，企业应该以人才为中心，而不是通过体系来限制人才发挥潜能。这类与普通员工拉开巨大差距的员工被称为A类人才。流媒体巨头奈飞（Netflix）在创立伊始，就决心不用规章制度来束缚员工，而是聚焦于集聚优秀的人才，不断提高优秀人才的密度，建立坦诚沟通的工作环境，促进人才价值的最大成功。

以苹果、奈飞为代表的科技公司展现了一种与传统体系截然不同的模式——以A类人才为中心的发展模式，并取得了巨大的成功。它们着眼于寻找和聚集少数比普通员工优秀十倍甚至百倍的员工，让他们组成团队，为他们创造宽容的环境。面对越来越复杂的业务，这些科技公司通过提高人才密度来抑制混乱，保证员工的自由度，而非通过限制员工的自由来保证公司的发展。高密度的人才聚集，以及这些人才之间的高效协同成为这些科技公司在行业中保持领先地位的核心竞争力。行业中其他公司缺乏这些以一当十甚至以一当百的顶尖人才，与这些领先公司的差距越来越大。

这种人和人之间差异变大的趋势并不寻常。长期以来，工业时代的管理者追求的是建立一个不过度依赖个体人才，能够让企业持续运转的标准化系统，企业致力于缩小同样的岗位上人和人之间的差距，让所有人都尽量达到同样标准化的程度。而现在，越来越多的管理者开始容忍甚至有意创建一种环境，以扩大同一个岗位人才之间的差异，也不再为每个岗位设立人才标准。这种变化是随着工业时代转型到数字化时代产生的。

数字化时代与工业时代最大的差异在于，数字化时代商业要素的分工颗粒度日益精细，商业要素之间协同的复杂度呈指数级上升。分工带来了效率，使商业要素不断细分，每个要素都由越来越专业的公司或人负责；协同创造了价值，让不断细分的商业要素变成产品和服务，为客户创造价值。工业时代的成功，在于企业通过管理者制定标准化的流程，让每个人都按照最高效的方式工作。因此，工业时代的人才是符合企业预期方式工作的人才。而从工业时代到数字化时代，分工的颗粒度越来越精细，协同的复杂度大幅提升，企业需要多中心的协同模式，来对抗日益复杂和动态的商业环境。这是从工业时代到数字化时代人才转型的基本逻辑。

因此，在工业时代，大部分个体之间创造的价值差异是不大的。大部分个体都是价值链条上的一个环节，所做的工作内容也被这个价值链条所限制。每个行业只需要少数几家公司就能够完成价值链的协调组织，而一家公司内部只需要一个老板或少数几个高管就可以完成内部价值链的协调组织工作。然而在数字化时代，商业要素的颗粒度越来越细，一家公司需要越来越多的精细化价值链的组织者，因此越来越多的A类人才开始涌现。A类人才是数字化时代造就的英雄。这场人力资源管理变革是的中心是绩效和薪酬变革，进而影响到招聘、培训、员工关系等其他人力资源管理模块（见图6-1）。

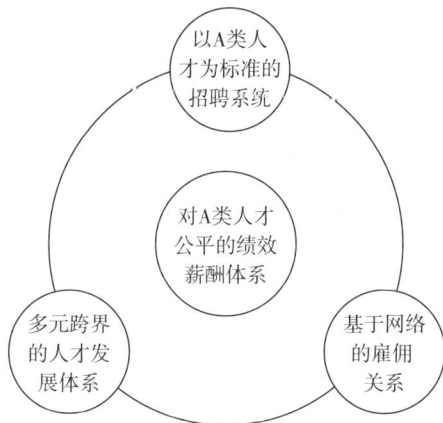

图 6-1　以 Ａ 类人才为中心的人力资源管理系统

1. 对Ａ类人才公平的绩效薪酬体系

建立对 Ａ 类人才公平的绩效薪酬体系是这场人力资源管理变革中最具挑战的部分。这套新的绩效变革系统包括四个关键部分：非强制分布的绩效评估、鼓励发挥潜力的绩效目标设定、为个人对整体业绩贡献的真实比例做出合理评估和宽带薪酬。

首先，Ａ 类人才需要打破强制绩效分布，不因评估尺度而使 Ａ 类人才的价值被低估。著名的绩效管理研究者赫尔曼·阿吉斯（Herman Aguinis）指出，如果以客观数据来衡量绩效的话，很多时候绩效已经不再是传统的正态分布，而是呈现出幂律分布的状态。正态分布是一种应用广泛的统计分布，绝大多数的值都分布在以平均值为中心的两个标准差范围内。而幂律分布是一种没有上限的统计分布，好和不好之间可能有巨大的差距。如果遵循幂律分布的原理进行绩效考核，那么许多通行的绩效管理做法，如末位淘汰制、强制分布等，都是有问题的。这些做法会导致 Ａ 类人才的评分被强制压低，难以得到客观合理的评估。而在幂律分布下，大部分员工的绩效都是"普通"，只有少部分优秀员工做出了大部分的贡献。那么，对于大部分普通员工，其实很难区分出"差"的部分，因为普通员工相比于优秀员工的差距都很大。此外，强制分布会导致员工陷入内部斗争，而不能专注于价值创造，因为员工发现，无论自己表现得多么优秀，得到好评、中评、差评的比例都是固定的。因此，谷歌、微软、通用电气等公司都逐渐实行绩效改革，取消强制分布，让A类人才能够在绩效评估中脱颖而出。

其次，A类人才需要动态、透明、自主的绩效目标管理系统，如OKR。传统的绩效管理工具，如平衡计分卡、KPI等，都强调目标自上而下的层层分解，设立了严格的绩效标准，如果员工达不到这个绩效标准，就会受到惩罚。此外，员工只知道自己的任务，对其他部门的工作所知甚少，形成了很大的跨部门协同的阻力。

OKR对KPI的替代是近年来人力资源领域最显著的变化之一。OKR强调员工自主设定有挑战性的目标，最后在目标和目标之间实现耦合。利用公开、透明的OKR绩效管理，通过信息工具，每个人都可以看到其他伙伴的目标是什么、进度如何，从而实现高效的跨部门协调和沟通，使绩效管理不再是一个等级森严的指令系统，而是一套动态灵活的协同系统。此外，OKR鼓励员工根据自己的情况设立稍高于现实能力的目标，达不成目标也没关系，这也有利于A类人才发挥潜能，做出最大的贡献。随着人力资源管理数字化的进步，在OKR上沉淀的关于员工目标的动态数据系统，不但可以作为评估员工绩效的基础，也可以取代传统人力资源管理系统中的岗位分析，成为了解岗位工作内容的最准确依据。

再次，需要对A类人才真实的贡献比例做出合理的评估，这是绩效评估中最难的部分，让很多公司望而却步。拉斯洛·博克指出，绩效评估者需要非常清晰地了解一项成就到底有多大比例是由被评估者带来的。一个人之所以有优秀的绩效表现，可能有多重原因，包括市场环境的变化、团队的努力、公司的品牌效应等外部因素，至于个人贡献在其中占据多大的比例，需要非常有经验、熟悉行业和公司价值创造机制的人进行客观评估，并能够清晰地解释、回应被评估者对评估的质疑，尤其是当一个Ａ类人才被认为做出了比其他人多10倍或更多的贡献，并获得高额奖励的时候。一些公司解释不清楚员工之间价值创造差异的原因，为了维持表面的公平，不招惹麻烦，索性给予所有员工差不多的绩效评定。但这实际上造成了更大的不公平。在这种环境下，优秀的人才得到的薪资远低于自己所做的贡献，长此以往，他们总有一天会离开这家公司。

最后，基于绩效评估的宽带薪酬体系。在快速变化的商业环境下，传统以工作分析为核心的人力资源管理体系难以维持，耗时、耗力制定的岗位说明书刚刚发布就可能会过时。而动态、及时的绩效评价，以及基于绩效的宽带薪酬，成为以Ａ类人才为中心的人力资源管理体系的中心。工作分析不再是人力资源管理体系的基础。公司不需要对Ａ类人才的工作内容进行严格的限定，但是需要对他们的工作成果进行及时、准确、客观的评估，并及时予以激励。

20世纪90年代兴起的宽带薪酬体系打破了等级森严的等级制工资体系的限制，让不同级别的员工有机会获得同样的薪酬，员工无须升职就能获得薪酬的增加。宽带薪酬是适合Ａ类人才的薪酬体系。在同样职位中，Ａ类人才与普通员工所贡献的价值差异可能会很大，需要较宽的薪酬幅度来容纳做出了较高贡献的Ａ类人才。但是，宽带薪酬体系本身并不能保证给Ａ类人才以合理的激励，还需要辅以客观、有效的绩效评价体系，才能让Ａ类人才的绩效表现得到公正、合理的评估。

2. 以Ａ类人才为标准的招聘系统

为了适应Ａ类人才，招聘系统也需要做出重要变革，招聘时应秉持宁缺毋滥的原则，精挑细选Ａ类人才。能够招聘到综合素质优秀、专业能力强的Ａ类人才固然幸运，但鉴于Ａ类人才自身具有强大的自定义工作能力，因此不过多强调具体岗位的要求，注重人才本身的综合素质，是一种更好的招聘A类人才的策略。许多A类人才都能够快速适应不同类型的岗位。

本书提到的A类人才的特点可以作为招聘A类人才的核心要求。对行业、公司价值创造过程有较深认识的A类人才，不但自己容易找到个人定位，也能够客观理性地评价他人的工作价值，这一点对面向A类人才的绩效管理系统至关重要。设计和引导用户体验的能力可以帮助A类人才快速取得内部和外部用户的信任，并以用户体验为中心快速协同组织内外部资源。自定义工作的能力让管理A类人才时不需要太多交代，他们会自己定义和拓展工作边界。组合创新的能力能够让A类人才超越个人能力，协同组织内外部资源完成挑战。当然，要想让一个人兼具以上三种能力并不容易，A类人才可以根据岗位要素有所侧重，在工作中培养各种能力。例如，对于层级较高、战略性较强的工作，可以更多地考察A类人才是否对产业价值创造空间有较深入的认识；对于面向客户的岗位，多考察A类人才引导用户体验的能力；对于研发人员，侧重考察A类人才的组合创新能力。

坚持高标准的招聘要求需要管理者有宁缺毋滥的决心。管理者和HR需要意识到，现在人和人之间的差异越来越大。在一家公司，同样的岗位，一名能力最强的员工可能抵得上十名能力中等的员工。这种现象对招聘和管理员工造成了很大的挑战。在招聘员工时，大部分应聘者能力平庸，让面试官聊几句就不愿意再聊下去。这些员工即便再小心翼翼地请求公司给自己一个机会，公司往往也不会迁就，降低招聘的要求。而对于少数能力优秀的应聘者，公司需要努力争取。而对管理者而言，团队成员的表现越来越参差不齐。少数优秀的员工一个人就能干完十个人的活，而大部分能力中等或平庸的员工反而会拖累团队。

"超越伯乐"是一种打破层级思维、招聘更优秀的A类人才的策略。通常，公司在招聘时都是让较高层级的员工来对较低层级的员工进行甄选，这样在人才甄选的过程中，经常会形成一种甄选者要比被甄选者优秀的思维定式。结果，公司少数高层管理者常常忙于面试招人，不但花费了大量的时间，也限制了公司里大多数人的潜能。"超越伯乐"是指，员工可以给自己找老板，可以寻找比自己优秀的人才加入公司。这种策略让寻找、推荐和甄选人才从少数管理者的任务，变成了每个员工都可以做的事情。更重要的是，当一家公司形成一种"每个人都在寻找比自己更加优秀的人"的氛围时，公司就会源源不断地吸引新的Ａ类人才加入，组成网络。每个人都关注如何把工作做好，而不是如何维护自己的面子，或者谋求层级制组织中的位置。当自己无法胜任某项工作时，人们首先考虑的不是如何掩盖自己的无能，而是坦然面对自己的能力缺陷，寻找比自己能力更强的人带领自己，让工作顺利推进。

Ａ类人才的价值创造并无上限，在一群优秀的Ａ类人才中还能再分出更好的人才。因此，企业要打造一支Ａ类人才团队，并不是说要团队中每个人的表现都一样，而是让这支团队的能力下限与行业平均水准相比，达到Ａ类人才的标准。一些大型公司人才济济，很容易出现人才浪费的现象，一些表现相对较差的员工会被认为绩效较差。然而，这些员工如果去其他公司，已经是很好的Ａ类人才了。因此，公司需要客观公正地从行业的角度来评估每名员工创造的价值，让每个Ａ类人才都得到尊重。当一群以一当十甚至以一当百的人才聚集起来，并且公司给予他们更大的价值发挥空间和恰当的激励机制时，他们就能够迅速发挥自己的潜力，很快从普通员工成为创造超乎公司预期的价值的人才。当一家公司聚集了大量Ａ类人才时，就会成为行业里具有垄断地位的公司，获得大部分的市场份额或利润。

3. 多元跨界的人才发展体系

Ａ类人才也会重塑人才发展体系。Ａ类人才的知识和经验不是专业化的点状知识，而是复杂的、网络化的思维模型。当A类人才遇到复杂的问题时，头脑中的认知图式能够帮助他们很快识别出这个问题的模式，从而驾驭纷繁复杂的信息，抓住问题的本质。A类人才的头脑中有许多思维模式，这让他们能够从不同的角度思考和定义问题。查理·芒格（Charlie Munger）对多元思维模型进行了精辟的解读。他相信，人们需要拥有一些不同学科的思维模型，从而依靠这些思维模型组成框架来安排经验，而不是依靠死记硬背。这些思维模型是人们认识世界的工具。在《原则》一书中，作者瑞·达利欧（Ray Dalio）认为，人们要考察影响事物发展变化的规律，从而理解背后的因果关系，理解不断再现的情景背后的机理，从而能看到隐藏在复杂事物背后的实质。大多数事物都能归于某些类别，如果人们每次都能正确识别问题所属的类别，就能快速找到解决问题的思路。

由于A类人才认知上的特性，普通的知识传授型培养方法是不够的。我们认为，A类人才的培养有两种策略：创新网络孵化和反思内省。

A类人才的成长需要创新网络的浸润。在创新网络中，A类人才不但能学到不同领域的知识和经验，还能学习如何与背景各异的人交往，获得与自己背景不同的人的信任。内部互动频繁的创新网络常常会批量化培养A类人才。例如，在15世纪的意大利佛罗伦萨，美第奇家族曾经资助了背景各异的雕塑家、科学家、诗人、哲学家、金融家、画家、建筑家，这些人才在佛罗伦萨打破学科界限，彼此交流融合，开创了西方文艺复兴时代，打开了人类思想史的全新纪元。这与今天创新产业集群孵化商业领域的A类人才有异曲同工之妙。A类人才常常是在跨界创新频繁、思想活跃的产业集群交会地带的咖啡馆和沙龙里批量孵化出来的。组织可以通过在这些地带设立分支机构，孵化A类人才。

组织也可以在内部搭建创新网络，培养A类人才。例如，许多公司的行动学习项目就是搭建内部创新网络。来自不同领域的人才聚集在一起，共同解决组织面临的复杂难题。对组织而言，收获的不只是问题的解决方法，更重要的是在这个过程中，这些来自不同专业领域的人才彼此之间建立联系和信任，打通部门之间的壁垒，在日后实现持续的合作。

在创新网络中孵化出来的 A 类人才不受岗位身份和个人能力的限制，专注于寻找一切可以创造价值的机会。在工业时代，头衔、身份意味着一个人的地位和能够调动的资源。通常，一个人的头衔、身份越高，就能创造越大的价值。这使一家公司的低层级员工常常消极、被动，觉得自己所做的工作很碎片化，没有意义和价值。然而，A 类人才不管身处怎样的位置，都能主动思考，积极寻找创造价值的机会。许多组织也试图通过调整组织架构，让"听得见炮火的人指挥战斗"，让更多一线、基层的 A 类人才能够发挥作用。A 类人才不会受自身能力的限制，而是广泛接触、获取和组合组织内外部的商业要素，搭建价值链条，提高自己的能力，创造更大的价值。

A 类人才的成长不但需要外部环境的支持，还需要在内在心理上完成从停滞到繁衍的转化，从关注自我转向关注创新、成长和社会利益，从"小我"转向"大我"。A 类人才不受自利动机的限制，而是有强烈的利他意识，把所有人都视为平等合作的伙伴，而非谋取自己利益的工具。他们会关注利益相关者的利益，力求实现利益相关者整体利益最大化。商业要素的组合是对掌握商业要素的人进行组织的过程。A 类人才会把个人利益放在整体利益之后，这样才能整合、团结大多数人，把分散的价值链整合起来，创造更大的价值，让更多的人受益，最终也让自己受益。

对个体来说，突破这一点很不容易。长期以来，商业领域将利他、助人视为软弱，自利的经济人、理性人被视为最根本的商业人性假设。在注重自利的主流商业文化和现实生活的压力下，个体常常在自我利益和组织/社会利益之间纠结，无法解脱和超越。组织可以通过导师制、组织个人成长工作坊等方式，推动个体反思经验，寻找人生的根本动力，突破专注自我的"小我"格局。虽然组织能够给予一些外部辅助，然而要实现内心的突破，终究还要靠个人的反思、自省和顿悟。当个体突破了这一步，就会看到一个海阔天空的世界，通往A类人才之路的大门就会真正打开。

4. 基于网络的雇佣关系

最后，组织和A类人才之间不但是雇佣关系，还是长期持续的网络关系。A类人才管理的终极状态，是把组织置身于一张由A类人才组成的创新网络之中。里德·霍夫曼在《联盟：互联网时代的人才变革》一书中指出，当今组织和人才的关系已经发生转变，组织要寻求和人才建立互利共赢、长期持续的动态关系，而不只是着眼于雇佣关系本身。再强大的组织，也不可能把所有A类人才都为自己所用。而不能当即为组织所用的A类人才，包括还没有进入组织的A类人才，以及曾在组织中工作，但离开组织寻求发展的A类人才，都可以持续与组织保持联系，在人才招聘、信息交换、项目合作等方面保持长期合作。组织和A类人才都是创新网络中的现象。组织要打破边界，不但要管理好自己内部的A类人才，还要和A类人才一起，在创新网络中共生。

第 7 章

A 类人才的团队和组织

A

A类人才的裂变特性

A类人才不但单兵作战能力很强，还擅长团队合作。1995年，在一次访谈中，乔布斯描述了A类人才的"自动扩大团队"特性："……我发现只要召集五个这样的人，他们就会喜欢上彼此合作的感觉……他们会不愿再与平庸者合作，只愿意召集和他们一样优秀的人。所以你只要找到几个精英，他们就会自动扩大团队。"

乔布斯描述的是A类人才身上所具有的"裂变"特性。当几个A类人才在一个小型网络中被激活，他们就会主动把自己身边的其他人才引入这个小型网络，从而使网络扩大。这种裂变特性，使在恰当的环境下，组织内部由A类人才组成的团队会迅速裂变成更大的网络；如果A类人才处在组织外部的用户的位置，这些A类人才就会成为意见领袖，启动用户裂变，形成颇具规模的用户网络，让新的产品或服务快速传播开来。在本章和第8章，我们将从组织内部的团队裂变和组织外部的用户裂变出发，分别描述当A类人才组成一个小型网络后，如何以裂变的机制扩大网络规模。

1998年，乔布斯为了解决头疼的供应链问题，从康柏公司挖来了年仅37岁的蒂姆·库克（Tim Cook）担任运营高级副总裁。当时苹果公司对销量的预测很差，工厂又难以灵活反应，经常造成库存积压在手里，或者在迫切需要业绩时因为供应链能力不足而无法生产。库克加入苹果公司后，组建了一个团队，团队成员包括曾在苹果公司工作

30多年，从基层一直晋升到供应链管理部门的迪尔德丽·奥布莱恩（Deirdre O'Brien），来自IBM的杰夫·威廉姆斯（Jeff Williams），以及物流专家比尔·弗雷德里克（Bill Frederick），这个核心团队很快就扭转乾坤，7个月之后把苹果产品的库存期从30天缩短到6天，打造了业界最高水准的供应链管理系统。

"裂变"是A类人才独有的搭建团队和组织的方式。在组织社会，搭建团队和组织是通过严谨的组织设计，搭建好条理清晰的组织架构来实现的。而在网络社会，A类人才搭建团队和组织是以网络化的形式实现的，因为A类人才要一起完成某个具有挑战性的目标。A类人才聚集起来组成一个核心网络。由于A类人才自身对其他A类人才具有强大的吸引力，这个网络通过裂变不断扩大，连接更多的A类人才，从而迅速扩展成一个更大的创新网络。这种创新网络可能存在于组织内部，也可能超越组织，扩展到整个行业。

从A类人才到A类团队

....

　　许多老板都希望招聘到得力的高管，来分担自己的管理压力。从乔布斯招募库克启动组织变革的案例中可以看到，一个从组织外部"空降"的A类人才，要想在组织中立足，需要解决长期困扰组织的难题，搭建一个以自己为核心的A类人才核心团队。乔布斯一开始就非常清楚供应链问题是困扰苹果公司的难题，而库克本身又是准时制供应链方面的专家，由他组建的A类人才团队在很短的时间内就实现了业内最短的库存周期。A类人才要在组织中发挥作用，不能单打独斗，而要有一个可以长期并肩作战的团队。老板不但要给A类人才以信任，也要给这个团队以信任。

　　人类学家玛格丽特·米德（Margaret Mead）说，永远不要怀疑一小群有想法、坚定的人能够改变世界。1998年，37岁的"空降兵"蒂姆·库克搭建了供应链管理变革团队，拯救了当时饱受供应链问题困扰的苹果公司，为苹果公司在智能手机时代大放异彩奠定了扎实的供应链基础。库克被乔布斯当作接班人培养，从运营副总裁的位置，不断晋升到销售副总裁和当时最大的硬件部门的负责人，最终在2005年被任命为苹果公司的首席运营官，成为乔布斯的助手。如今，库克已经为苹果公司服务了20多年。而当年在供应链变革过程中搭建的A类人才团队，在库克接任苹果公司CEO后，分别成为苹果公司的人力资源负责人（迪尔德丽·奥布莱恩）、首席运营官（杰夫·威廉姆斯）、客户支持部门负责人（比尔·弗雷德里克），成为库克管理苹果公司的核心班底。直到2019年，新任命的苹果公司运营副总裁萨比赫·汗（Sabih Khan）仍然是库克1998年供应链变革团队的一员。

A类人才团队能够形成可持续团队的关键在于，他们能够彼此激励和启发，让各自都能做出越来越大的价值。在访谈中，乔布斯说："假如你找到了真正顶尖的人才，他们会知道自己真的很棒。你不需要悉心呵护他们的自尊心。大家的心思全都放在工作上，因为他们都知道工作表现才是最重要的。我想，你能替他们做的最重要的事，就是告诉他们哪里还不够好，而且要说得非常清楚，解释为什么，并清晰明了地提醒他们恢复工作状态，同时不能让他们怀疑你的权威，你要用无可置疑的方式告诉他们——你的工作不合格。这很不容易，所以我总是采取直截了当的方式。如果你给与我共事过的人做访谈，那些真正杰出的人，会觉得这个方法对他们有益，不过有些人却很痛恨这种方法。但不管这样的模式让人快乐还是痛苦，所有人都一定会说，这是他们人生中最激烈也最珍贵的经历。"库克在与下属沟通时，也会采用直截了当的方式，告诉对方他觉得什么是对的。A类人才往往能够快速判断什么是对的、什么是错的。如果自己是错的，他们会立刻明白并且改正。所以，面对A类人才，重要的是告诉他们什么是对的、什么是错的，让A类人才把事情做好，并在做事的过程中获得成就感。

A类人才的短期团体

除了组成持续性的A类人才核心团体，A类人才也可能组成短期团体，然后裂变成多个相互独立而又彼此关联的网络。硅谷的半导体产业，就是在肖克利实验室的八名天才成员组成的小型网络的基础上不断裂变而成的。这些人才就像蒲公英一样把种子散开，影响更大的群体。本书的作者之一秦弋曾在深圳组建过在业内颇有影响力的人才管理创新社群，也经历了这样一个裂变过程。

2014年，秦弋获得香港中文大学管理学博士学位，刚刚毕业的他加入了正在快速发展的大疆创新，负责人才管理创新实验室。在一次深圳人力资源的沙龙上，秦弋觉得主讲人讲的东西索然无味，就和坐在旁边的余杰丰（时任马丝菲尔人力资源经理）和郑伟（时任莱蒙国际人力资源总监）聊起来，发现大家都对人力资源管理前沿问题感兴趣，想持续交流。于是三个人就想尝试一种更深入的交流方式，每次只有少数专业的人士受邀参加，就前沿的人才管理话题进行交流。于是，在深圳罗湖的一间茶室，从三个人一起聊天开始，慢慢吸引了本书作者刘东畅（时任华为人才管理专家）、刘姗（时任IBM人才发展专家）、于少新（时任华润大学人才发展专家）、李亦婷（时任万科HRVP助理）、任千里（时任南山地产人力资源总监）等加入，组成了八人核心团队。该团队每两周一次，以邀请的方式举办沙龙，探讨人才管理前沿话题，每次沙龙持续三四小时，大家知无不言，讨论激烈。在一次次的沙龙中，每个人都把自己个人网络中的成员带进来，这个小群体与北京的哈佛商业评论、硅谷的创业社群Founders Book Club、深圳的培训社群培男训女，以及和君、光辉合益、翰威特等咨询公司顾问等都建立了广泛的联系。

人才管理领域的前沿实践和资讯，在这里能够第一时间进行讨论。例如，我们曾经一起研究过在谷歌、Facebook等公司兴起的人才管理和大数据结合的人力分析，并与这个领域的全球专家进行了交流。后来，我们核心团体中的两位成员进入腾讯和阿里巴巴，从事与人才分析相关的工作。在知识付费兴起的浪潮下，我们核心团体中有成员创办了两家人力资源领域颇具影响力的知识付费公司——蜜蜂学堂和人资学堂。时至今日，虽然定期沙龙已经不再举行，但是这个社群的成员在探索人才管理创新的路上初心不变，仍然保持交流，以各自的方式践行着当初的愿景。

从A类人才团队到创新组织

　　当我们追溯那些伟大组织的起源时，经常会发现，这些组织常常起源于一个小团队，一群人齐心协力，战胜了艰巨的挑战，然后这群人一起走下去，不断创造更大的价值，而这个小团队也像滚雪球一样，不断吸引更多的人才加入。一个长期彼此信任、密切合作的A类人才核心团队，在恰当的位置上，能够创造难以想象的巨大价值。难以想象，如果没有库克和他的团队，乔布斯之后的苹果公司会走向何方。

　　能够长期持续的A类人才团队一定有共同的目标和信仰体系，而不只是利益共同体。库克之所以能够引领供应链变革团队的A类人才，形成苹果公司持续多年的核心领导团队，不只是因为他在供应链管理上的卓越才能，更是因为他具有强烈的使命感和道德感。虽然是工程学背景出身，但库克在杜克大学读MBA时修了一门道德学的课，他在职业生涯早期就思考公司如何成为一股向善的力量推动世界的发展。在2013年杜克大学毕业生聚会上，库克说："当我想到道德时，我想的是，将你发现的事物留下，并让它们比当初被发现时更好，从保护环境到尊重雇员。"这种道德感让库克从一个专业人才成长为有感召力的领袖、A类人才团队的感召者。然而，大多数团队都是靠利益交织在一起的利益共同体。例如，1895年，袁世凯在天津小站操练新兵，靠个人恩惠笼络下属，只要部下喜欢的或想要的东西，袁世凯都会妥帖安排，这让下属感恩不已，从而死心塌地地效忠于他。辛亥革命之后，袁世凯靠着这支军队掌握了民国政府的实权。而他的这些下属也都成了拥兵一方的军阀。然而，由于小站练兵的这个小团体是利益共同体，缺乏共同的理想和目标，袁世凯称帝失败后，这些下属相互混战，把中国带入了混乱的北洋军阀时代。

在等级制组织中，A类人才能够形成一个嵌入组织架构的、隐藏的创新网络。正如前文所讲，库克之所以能够顺利接替乔布斯担任苹果CEO，一个重要原因就是他拥有一支优秀的供应链变革团队。在任何一个等级森严的组织里，都有网络的影子。弗吉尼亚大学教授安德鲁·帕克（Andrew Parker）和罗布·克罗斯（Rob Cross）研究了许多公司的社会网络结构，发现正式组织架构背后隐藏的社会网络，是决定组织运转的隐藏力量。例如，一个在组织架构中看上去无足轻重的人，却有大量的信息流向他，但他没有及时分发这些信息，导致组织内部的信息流动出现阻塞。这些隐藏的，由具体的人和人之间的信任、接触所形成的社会网络，有时候比正式的组织架构更能影响信息的流动、决策的制定和重大时刻的配合。等级制组织是刚性的，决策是自上而下的。而网络是分散的、灵活的，在外部环境变化时能够敏捷地做出反应。

嵌入组织的分布式创新网络

....

A类人才各有专长，能够形成相互启发的分布式领导结构，组成一个以A类人才为主干的创新网络。当遇到难题的时候，最擅长解决这个难题的人会跳出来主动组织力量，解决问题，而不总是指望职位最高的人发布指令。A类人才具有强大的自我定位能力，不会被动地等待他人分配工作。A类人才就像一个分布式计算系统中随时会主动激发的计算中心。人类组织就像一种智能网络，组织拥有集体的、个人不具备的能力，比其中任何一个人都聪明。A类人才是人类组织智能网络的中心节点。本书作者之一曾经追踪过多个技术团队的团队构成和社会网络结构，发现表现最好的团队并不是那些有最多聪明人的团队，而是那些能够相互启发、激励，让团队形成整体合力的团队。这些团队中的A类人才形成了合作性的智能网络，爆发了强大的集体能力。

因为意识到了分布式创新网络的力量，许多组织都在内部有意识地搭建各种跨部门的网络，以增强组织的活力。例如，通过创建跨部门的项目小组、领导力发展项目、兴趣社群等，能够让各部门的员工建立正式或非正式的关系，建立信任；通过内部轮岗、人员跨部门流动，能够打破各部门封闭的"仓筒"，让信息流动起来；通过设计开放、透明的办公环境，员工可以随时、自由地交流，碰撞各种有趣的想法。

129

在组织内部的创新网络中，层级被淡化，最有影响力的人不一定是在正式组织架构中职位最高的人。这也是A类人才在组织中能够发挥出超越层级的价值的原因之一。例如，一个级别不太高的项目经理，因为优秀的业务能力和与各部门良好的关系，有可能调动许多比他高多个层级的资源，出色地完成任务。而一个看起来身居高位的管理者，由于自身业务能力不足或与各部门关系僵硬，可能在内部的创新网络中遭到排斥和边缘化，从而难以发挥影响力。A类人才的成就，是依赖网络的力量，在人和人的连接中形成影响力。

组织内部由A类人才组成的创新网络能向外拓展，打破组织封闭的结构。打破圈层封闭是20世纪80年代以来组织变革的核心议题。例如，以杰克·韦尔奇（Jack Welch）和大卫·尤里奇（Dave Ulrich）为核心的通用电气组织变革小组，通过一系列"无边界组织"的组合措施，试图打破通用电气组织内部各部门的边界，让信息能够自由流动。麻省理工学院的安科纳提出，要打造"外向型团队"，让团队作为最小的、灵活的单元，建立广泛的内外部网络。我们认为，破解这个问题的关键在于人才。当商业世界有足够多的能够跨越自身圈层限制，洞察到更广阔世界的用户心智，并通过组合创新创造出新的用户体验的人才时，圈层封闭问题会得到很大程度的解决。在工业时代，人们更加在意自己外在的圈层身份，让自己的思维在圈层中固化。互联网技术的蓬勃发展打通了现代社会中种种固化的圈层，让信息快速流动，世界正在成为一个密切联系的整体。越来越多的人开始放下固化的圈层身份，去洞察更广阔世界的用户心智。

A类人才和组织中创新理念的扩散

....

　　无论是持续性A类人才团队的裂变，还是短期A类人才团队解体后的再裂变，驱动A类人才团队裂变的根本动力都是创新理念的扩散。A类人才之所以能够组成松散但彼此信任和认同的创新网络，是因为分散在各地的A类人才都有着相似的理念。例如，2012年，潘剑峰在上海成立了创业社群Workface，在我国30多个城市和硅谷、清迈等海外城市拥有分支机构，以每周一次线下聚会的方式构建了一个创业者深度交流的社群。Workface从简单的"三所有"理念开始：所有人服务所有人，所有人向所有人学习，所有人支持所有人。Workface起源于一件简单可重复的事情：和人聊天，自由对话。在自由对话中，潘剑峰怀着开放的心态，不急着获得确定性，而是为了离开原有封闭的圈子，体验和接触一个更加真实的世界，让更多的连接发生。在这一阶段和潘剑峰进行不确定对话的人最后都成为各地分支机构的负责人。而在对话中，潘剑峰怀着"各不相欠"的底层心态与对话者进行交流。对话是你情我愿的，对话过程中没有谁是施舍者，也没有谁是获得者，没有谁欠谁的人情。在对"三所有"理念的认同下，各地的创业者自动自发地组织对话，每个分支机构都不需要付出高昂的管理成本。Workface把负责组织工作的创业者称作"召集人"。每个城市的召集人都会按照Workface的理念召集活动，在活动中不断强化，让参与者感受到"三所有"的理念。本书作者之一曾经参与过深

131

圳Workface的活动，也和召集人有过深度交流，感受到了Workface纯粹的关注无压力的交流、连接所带来的独特体验。来参加活动的人背景各异，但只要来到Workface，大家就能够放下自己的身份，和不同背景的人毫无压力地聊聊天，每次都能认识新的人，发现新的惊喜。

尤瓦尔·赫拉利（Yuval Noah Harari）在《人类简史：从动物到上帝》一书中说到，人类创造出文字之后，能够通过对文字创造出的现象的想象，让大批互不认识的人有效合作，而且只要改变所讲的故事，就能改变人类合作的方式。这是人类独有的"文化演化"的进化道路。A类人才由于本身所具有的开放性和连接性，很容易接触到各种新的理念。当被这些理念激发之后，A类人才就可能像Workface的召集人一样，成为创新网络的连接节点和组织者，从而快速裂变，在不长的时间内由彼此陌生的A类人才的彼此连接，形成一张巨大的创新网络。A类人才在创新网络中是流动的，可以自由进出。但由于理念本身充满了吸引力和开放性，在进出之间，创新网络本身维持着动态的平衡。当理念不再有吸引力，或者更有吸引力的理念出现时，原有创新网络对A类人才的吸引力就会降低，A类人才会根据新的理念进入新的创新网络。人是善变的，当人们接受了新的理念之后，合作方式和创新网络就会发生改变。

那些能够持续裂变、不断生长的创新网络通常都像Workface一样专注于扎根人性、持久深远的普世性理念。交流和探索新的世界是人类的本能，无论创业者从事什么行业，都需要不断接触新的领域，打破自己的局限。而如果创新网络只关注短期的、功利性的目标，在短期目标达成后，成员就会离开网络，不会再去扩散传播。创新网络是以理念为中心，以A类人才为承载，像有机体一样持续生长的理念共同体。在创新网络中，理念超越了个体，具有跨越时间和空间的吸引力。例如，2019年，库克在参加巴菲特股东大会期间接受采访时谈到苹果公司的核心使命，是进入那些能够改变人们生活的领域，在其中做出全世界最好的产品，如果做不到最好，就不进入这个领域。这种理念萌生于乔布斯时代，是苹果公司最核心的理念支柱。乔布斯做iPhone时对每个细节都要求尽善尽美，让iPhone在很长一段时间内成为"世界上最好的手机"的代名词。《纽约时报》曾经报道，乔布斯在苹果大学曾经教授一门"The best things"课程，目的就是告诉苹果公司的员工，要确保自己周围都是最好的事物，包括最优秀的同事、最好的工具材料，这样才能保证工作做得最好。这种理念使苹果公司做任何事都并不急于拔得头筹，但只要开始做，每种产品都要做得尽善尽美。而"改变人们生活"的理念，让苹果公司致力于进入能够对人们的生活产生巨大影响的大众市场。从mp3播放器，到手机、耳机、电脑、智能手表等，苹果公司的每项具体战略行动都在这个理念下进行。这使苹果公司能够聚集最好的A类人才，鼓舞他们为了践行这个理念而工作。

A类人才和组织协同的新机制

....

A类人才裂变形成的创新网络，颠覆了传统等级制组织通过"诱因"来协同组织的模式。在《经理人员的职能》一书中，切斯特·巴纳德（Chester Barnard）提出了正式组织得以运转的三大原则：协作的意愿、共同的目标和信息交流。巴纳德认为自私自利的动机是人们工作的根本动力。组织要推动人们为实现同样的目标而工作，不需要让每个人都理解目标是什么，只需要让人们知道，目标实现的时候，自己的利益会得到满足。也就是说，组织为个人提供了相应的诱因，包括物质诱因、个人的非物质机会、良好的物质条件、理想方面的恩惠。组织可以提供的一般诱因有社会结合上的吸引力、适合自己习惯的方法和态度的条件、扩大参与的机会、思想感情交流的条件等。而对由A类人才组成的创新网络而言，追求共同的目标和理念本身就可以创造更大的价值，这就是他们工作的最大动力。当然，在追求目标的过程中，A类人才也会获得各种个人利益的满足。但是A类人才不是为了诱因而协作的，A类人才所组成的网络是理念的共同体。

A类人才和A类人才在一起，并不一定就能形成合作。A类人才因为理念而聚集成团队，需要在团队中形成长期主义的文化，以及对急功近利、激进扩张的克制。在浮躁的商业社会，很多公司都急于快速推进融资节奏，扩张规模，这会让团队成员失去对个人利益、用户目标的尊重和关注，甚至践踏用户利益。在这种浮躁的氛围中，A类人才之间缺乏凝聚力，凭借各自的能力拉帮结派，公司分裂成多个相互对立和竞争的利益团体。这就是许多公司虽然聚集了很多能力很强的人，但是这些人难以合作的原因。

此外，A类人才之间的合作，还需要得到充分的决策授权和对专业的信赖，减少越级指挥。无论是大型公司还是初创公司，都存在一定的等级制和命令链。对于处于较低层级的A类人才，听命于更高层级的人，横向之间的交流联系很弱，即便彼此有想法，也不具备施行的可能。如果更高层级的人还越级指挥，那么A类人才会在矛盾和混乱的命令中更加困惑和压抑。久而久之，A类人才的自主性会逐渐减弱，对上级的依赖性增强，变成顺从上级、缺乏独立思考的人。要激活A类人才之间的合作，组织需要给予充分的授权和信任，敢于让A类人才尝试改进，突破已有的工作流程和规则。A类人才的上级要怀着下属可能比自己更优秀的理念，为处于较低层级的A类人才提供资源，鼓励A类人才主动发出需求，召唤"后方的炮火"。

共同的理念使A类人才之间的协作成本很低，组织也不需要花费过高的管理成本，而是给A类人才以充分的信任，让他们组成高效合作、持续扩张的创新网络。组织不需要费尽心机，想办法"讨好"A类人才，为他们提供各种各样的诱因以促使他们工作。A类人才会自动自发地为共同的理念而工作，并影响、带动身边的专业型人才和普通人。并且，由于A类人才着眼于创造更大的价值，不太在意即时的利益满足，因此组织不需要为A类人才提供事前的诱因，以推动工作进度。组织只需要为A类人才不断提供新的挑战，并在A类人才做出成绩之后提供事后的激励和奖励。对A类人才而言，最大的奖励是一份更加有挑战性的工作，这能够让A类人才得到心理上的满足。

组织中A类人才和非A类人才的协作

....

A类人才和非A类人才、普通人在一起协作，组成了创新网络和等级制混搭的，以A类人才为中心的组织架构。组织以A类人才为中心，协调组织资源。A类人才可能分布在各个层级，包括企业总部、区域分公司乃至一线终端。A类人才通过项目小组、变革小组、行动学习小组、领导力发展项目、创新项目小组等跨越组织层级的创新网络相互连接，交换最新的创意和想法，推动组织的变革项目。A类人才在组织中的位置是流动的，当有重大的创新机会浮现时，A类人才就可能凭借创新的势能从创新网络的边缘位置进入中心位置，组织会快速把资源向A类人才倾斜。例如，在微信诞生之前，张小龙任职于远离总部的腾讯广州研究院，但他仍然与腾讯最核心的创新网络保持连接，当他提出创新的想法时，通过内部的竞争机制，能够获得资源倾斜，快速实现想法。当重大的创新机会消退时，A类人才也可能会急流勇退，从创新网络的中心位置退到边缘位置，甚至离开组织，但仍然和创新网络中的其他成员保持着联系。

由A类人才裂变形成的创新网络，不但连通了A类人才，还接入了许多有专长但是缺乏网络连通意愿的非A类人才，以及许多没有专长，做着简单重复工作的普通人。并非每个接入创新网络的人都能理解创新网络理念的深意，也不一定都会被核心理念驱动。A

类人才更在乎创新网络的理念，愿意成为这种理念的扩散者和传播者。专家型人才更在乎发挥自己的专业能力，在某个领域获得专业声望。而大多数普通人更在乎通过工作来谋生，更在乎短期内的利益交换。但是，就像德鲁克讲的三个石匠的故事那样，A类人才是一群能够看到瑰丽的大教堂整体，并愿意为这个整体而工作的人。在他们的指引下，那些只能看到局部某个构件的专家型人才和只为了赚钱而工作的普通人都被接入进来，大家为了建造这座大教堂而共同努力。

A类人才和非A类人才的协同方式，并不必然是平等的网络形式，也可能是严格的等级制度，因为非A类人才受限于自己的认知，无法看到更高层面的心理图景。A类人才需要意识到，他们眼中的大教堂，并不是每个人都能看到的，大部分人都只能看到大教堂的某个局部。心理学研究表明，即便是观看同样的东西，不同的人关注的层面也是不同的。越是高阶的专家，越能够从整体层面去观察物体，因为这些专家头脑中拥有关于物体整体之间复杂联系的心理图景，也就是我们通常所说的"因为相信，所以看见"。而大部分人的头脑中并没有这样的心理图景，他们看到的都是物体的局部。A类人才在和非A类人才或普通人共事时，要注意适当降低自己的思维层级，对工作做细致的拆解，在对方能够理解的、相对微观的层面进行沟通和协作。A类人才常常犯的一个错误是，过于强调"大教堂"层面的事物的整体性，而在微观落地层面关注不够，从而容易导致自己在合作中被认为夸夸其谈，缺乏执行力。

斯隆公司的事业部制是以A类人才为中心的组织架构的雏形，斯隆公司给事业部的负责人以充分的授权，只把控经营业绩，而较少过问经营细节。斯隆公司的事业部制架构只能容纳少量的、担任事业部负责人的A类人才，而随着组织中各个层级都有A类人才涌现，组织的架构越来越扁平，矩阵式、平台式的组织架构相继出现，组织架构向着能够容纳越来越多的 A 类人才进化。在矩阵式组织架构中，A 类人才以项目负责人的角色横向协同各职能模块之间的资源，打破了层级和资源协同的必然联系。而在平台式组织架构中，A 类人才主要配置在面对一线客户、"特种部队式"的前端业务团队，中后台的资源完全依据前端业务的需求向一线配置。

第 8 章

A 类用户的价值和管理

A

以产品和消费者为中心的时代

....

商业的本质是供给和需求的匹配。在第7章，我们更多地讲述了组织内部的A类人才如何组织起来，提供创新的产品和服务。在本章，我们将讲述组织外部的A类用户是如何发挥越来越重要的作用的。

长期以来，用户相对于厂商，都是处在被动影响的位置。厂商通过品牌形象塑造和搭建销售渠道两种方式影响用户。公司生产的产品或服务要触达用户，需要经过一定的销售渠道。为了实现产品的规模化销售，公司通常需要搭建多级分销体系，让销售终端能够打入每个角落的用户。同时，为了建立用户的信任，公司通常会采用明星代言或在大众媒体上打广告的方式，在用户心中塑造其可信的形象，以配合分销渠道展开产品销售。例如，一家矿泉水公司新生产了一款矿泉水，之后该公司需要通过一层层的分销商网络去铺货，让人们在每个小卖部、每个便利店都能买到这款矿泉水，同时该公司还可能请明星代言，以吸引明星的粉丝购买这款矿泉水。

以产品或消费者为中心的营销模式是主流的营销思路。虽然这两种营销方式表面看起来不同，但两者都是把消费者看作被动的营销对象，公司要做的是竭力让消费者购买产品或服务。在工业时代早期，产品简单，供不应求，公司只需要大规模生产高度同质化的产品（如20世纪初期生产T型车的福特公司），就能够源源不断地获得消费者。公司的营销活动是围绕产品进行的，不考虑消费者的意见，消费者本身也缺乏专业性。随着产品品类的增加，消费者的需求产生了分化，公司要以消费者为中心不断细分市场，满足不同消费者的差异化需求，从而进入以消费者为中心的时代，如凭借差异化竞争优势打败福特汽车而后来居上的通用汽车。在以消费者为中心的时代，消费者看起来拥有了很大的选择权，能够在各种不同的产品之间进行挑选，但实际上消费者仍然只是被动的营销对象。每家公司都在不断强调自己产品或服务的差异性，消费者被迫在种类繁多的产品功能之间做出选择，公司只是把消费者看作"购买产品的人"，唯一的目的就是劝说消费者购买产品，达成交易。在以消费者为中心的时代，公司会通过折扣、返券、会员、促销活动等营销手段与消费者建立长期、持续的关系，但目的都是让消费者购买更多的产品或服务。

在以产品或消费者为中心的营销时代，公司往往会刻意制造产品之间的等级划分，让用户感到使用不同的产品，就能拥有不同的身份。例如，在汽车、服装、化妆品等行业，一些公司会营造奢侈品的品牌身份，让消费者通过使用这些消费品获得"尊贵"的身份。由于厂商的影响，消费者之间也形成了关于产品的鄙视链。消费者之间会因为使用档次不同的产品而相互攀比。在以产品或消费者为中心的营销时代，消费者作为一个完整的人的意义被忽视，公司只是把消费者看作"消费的人"。公司所做的所有努力，都是为了让消费者"消费"产品或服务，而不是"使用"产品或服务，忽视了消费者本身所具备的创造价值的潜能。

从消费者到用户的观念转变

....

实际上，消费者和产品之间并不只是购买关系，而是消费者通过使用公司的产品，为自己和他人创造更大的价值，成为一个更好的人。近年来，新的价值驱动营销理念越来越重视消费者本身的主动性和价值创造能力，"消费者"这个概念也逐渐被"用户"取代。用户是使用产品、创造价值的人。即便付出了同样的价格购买产品，用户和用户之间创造的价值也有巨大的差异。用户之间创造价值能力的分化，使A类人才的概念也同样适用于用户场景。A类人才是那些身处同样位置，但是创造的价值超过他人十倍、百倍、千倍的人才。A类用户是那些购买了同样的产品或服务，但是创造的价值超过其他用户十倍、百倍、千倍的人才。A类人才和A类用户本质上是一类人，甚至只是不同视角下的同一个人。例如，同样是购买一台笔记本电脑，用户都付出了相同的价格，有的人只是用它来消遣娱乐，有的人却会用它来改变世界；同样是从菜市场购买的一份青菜，在普通人手里只是用来饱腹的一份食物，而在大厨手里就是一份昂贵的料理。A类人才所具备的巨大的价值创造能力，也需要通过他人所创造的产品或服务实现，这些产品或服务是A类人才创造价值的工具。A类人才会根据自己的需要改变这些工具的用途，以适应自己的目的，通过组合创新创造更大的价值。

市场营销领域越来越关注A类用户在市场发展中的作用。在通

143

常的营销观念里，公司应该注重那些购买较大数量产品、花钱较多的"大客户"。然而，尼尔森公司的资深营销专家艾迪·尹却认为，公司应该关注少数"超级用户"，这些用户不仅愿意在产品上花大价钱，而且对公司所开发产品的新用途有很强烈的兴趣，他们能从产品中找到更多的意义感和价值感，能够通过口碑传播影响更多用户。各种消费产品都有自己的超级用户。例如，一位剪刀产品的超级用户会在一年里花费上千元买各种剪刀，因为她喜欢制作给人以美感的剪纸作品。一位奶酪产品的超级用户非常喜欢墨西哥风味的奶酪，因为这种奶酪有着恰到好处的融化程度，如果奶酪融化得不够充分，就会不均匀、有结块；如果奶酪融化得太过，就会太稀，流出餐盘。这位超级用户能够把墨西哥风味的奶酪用在几十种不同的场合，让孩子更喜欢吃蔬菜。对这些超级用户的关注，使公司逐渐意识到，关于如何使用产品，用户可能拥有比公司更加专业和丰富的知识。公司要主动出击，寻找和挖掘这样的用户，和他们一起创造产品，创造市场。

这种视用户为积极的价值创造者的观点，是对以产品或消费者为中心的营销理念的深刻颠覆。以产品或消费者为中心的营销理念试图通过对消费者进行"洗脑"式营销，让消费者接受公司对产品功能的定义，以及对产品所带来的社会身份的定义。而价值驱动营销理念把用户看作充满潜力的个体，用户不受公司对"产品应该如何用"的功能限定，或者"产品应该给谁用"的身份限定，能够用产品创造出多样化的、无穷的价值。

A类人才和价值驱动营销模式

....

把用户视为主动、积极的创造者而非被动的产品接受者的价值驱动营销理念，使市场营销模式从以产品或消费者为中心，转向以用户价值创造为目标。价值驱动营销起源于硅谷。最早意识到用户不只是消费者而是主动的价值创造者的人，是硅谷文化的奠基人斯图尔特·布兰德。当时在旧金山湾区掀起了反主流的"新公社运动"，许多人离开城市，到乡村生活。1968年，斯图尔特·布兰德开始构思一份帮助因参加新公社运动而生活在郊区的人们获取各种物品或促销信息的商品目录——《全球概览》。这份内容性质介于商品目录和杂志之间的奇怪出版物，到1971年已经扩充到了448页，包含各种各样的书籍、机械装备和户外休闲用品，以及各种产品、意见和视觉设计的混搭。例如，在这份杂志中，家用的纺织套件、陶匠用的旋轮和关于塑料的科学报道会放在一起。《全球概览》的读者不是被动的消费者，而是主动的参与者和贡献者。读者会写信推荐新产品，回应投稿者的评论，或者描述一些其他读者感兴趣的经历。《全球概览》的影响力逐渐超越了新公社运动的成员，辐射到以大学、政府、工业为基础的科技群体，纽约和旧金山的艺术群体，旧金山湾区的"迷幻剂"群体，以及20世纪60年代在美国兴起的嬉皮士公社。这些不同的群体借助《全球概览》交换意见和想法，形成了思想交融的用户社群。《全球概览》的意义已经远远超出了一份购物目录，实际上，这份杂志被认为是互联网社群乃至整个互联网的雏形。

　　然而，与日后兴起的许多纯观点讨论的互联网社群不同，《全球概览》又的确是一个介于产品和用户之间的信息中介。与当时美国流行的其他商品目录不同，《全球概览》把目录上的产品定义为"工具"。在《全球概览》看来，用户不是购买产品的消费者，而是使用工具的、有创造力的人。《全球概览》把自己定义为一种评价工具，并提供获取工具的途径。工具是"有用的、与自我教育有关、高品质或低价格、尚未成为常识、能够通过邮寄轻松获得"的。这些工具既包括用手操作的工具，也包括许多作为思想工具的书籍和期刊。这些工具可以为用户提供改变自己的思想和行为的机会。工具与角色相关。当使用某种工具时，用户就拓展了全新的社会角色。例如，桦树皮镶嵌有机玻璃的婴儿床是联系田园生活和高科技工厂的桥梁；汽车是四处游历的嬉皮士流浪者的技术系统；背包和帐篷是加入无形的游牧社群的工具。

　　这些产生于20世纪六七十年代的新消费文化为人们走出工业时代消费文化的困境带来了非常深刻的反思，并且付诸实践。在工业时代的机械世界观里，无论是组织中的人还是消费者，都是工具化的被动接受者。20世纪60年代，哲学家赫伯特·马尔库塞（Herbert Marcuse）出版了《单向度的人：发达工业社会意识形态研究》，深刻地批判了看似繁荣的工业社会对人性的压抑。马尔库塞认为，看似繁荣的商品经济本质上是一种极权主义社会，压制了不同的声音，让人们屈从于物质欲望，成为高度同质化、工具化的"单向度"的人，失去了自由和创造力。20年后，媒体文化研究者波兹曼指出，电视文化兴起后，公众媒体逐渐肤浅化，人类成为娱乐的附庸，也让人们对工业时代的消费文化困境进行了深刻的反思。

　　实际上，人们现在仍然处在工业时代的消费文化向新消费文化转型的时代。一方面，电视媒体时代的惯性思维仍然存在，"洗脑式"

的广告轰炸仍然普遍存在，厂商试图通过单一信息的高频度呈现，影响消费者的决策；另一方面，即便是一些披着新媒体外衣的广告营销手段，也在不断贩卖焦虑，让用户产生代入感和共鸣，从而购买产品。

很少有人能够觉察到，以苹果公司为代表的硅谷科技公司的背后，不但有科技的力量，还有以《全球概览》为代表的硅谷迄今为止仍然非常超前的价值驱动营销理念的灌溉。1984年，苹果公司买下了全美橄榄球赛超级碗的黄金广告时间。广告中，一个身穿白色的印有苹果公司标识的T恤衫的女模特冲进一家电影院，用铁锤砸碎了大银幕上象征着精神控制者的"老大哥"，这时旁白响起："1月24日，苹果电脑公司将发布麦金托什电脑。而你也将明白，为什么1984不会成为'1984'。"这个广告借用了奥威尔的小说《1984》的故事背景：1984年，独裁的老大哥将统治世界。而麦金托什把计算机从一种大机构使用的工具变成个人用户可以在家中使用的创作工具。从麦金托什电脑到iPhone，苹果公司一直致力于把用户作为有创造力的个体，不遗余力地为这些创造者打造更好的工具，以发挥他们的潜力。

A类用户的价值创造过程

....

时至今日，以《全球概览》为代表的超前的价值驱动营销理念，仍然冲击着人们对市场营销、公司战略和商业模式的认知。越来越多的公司意识到，产品和服务不是束缚消费者的工具，而是用户探索新的自我角色的工具。甚至对产品和服务的分类，也不能只从公司本身的角度去看，而要从用户的角度去看。例如，走进诚品、无印良品和茑屋书店的门店，你会看到书籍、生活用品被混搭在一起，精神工具和物质工具一起，成为用户为了成为更好的自己而使用的某种工具。在新兴美妆品牌完美日记的广告中，你可以看到完美日记和"探索"频道联名，以四大野生动物为设计和配色灵感，推出了"探险家十二色眼影"，暗示着眼影可以成为女性突破自我、勇于冒险的工具。而主打通用、基本款服装的优衣库，在2013年的广告中，向消费者提出了一个开放性问题：我们为什么而穿衣打扮？启发人们思考"穿衣"这个看似简单、每天都在做的动作，背后的意图是什么。

战略管理学家波特指出，公司不但要关注内部的价值创造过程，还要关注外部的价值创造过程。内部的价值创造是指从研发、生产、制造到销售的组织内部价值链；外部的价值创造是指用户使用产品之后，为自己，以及为用户的用户所创造的价值。如今，价值链上的分工越来越细致、深化，公司之间彼此依存的程度越来越高，公司越来越需要把目光从内部转向外部，关注用户使用产品和服务之后实际的价值创造过程，甚至在产品和服务诞生之前就让用户参与进来，了解用户是如何使用产品或服务创造价值的。越来越多的用户通过网络平台组织起来，交流彼此对产品和服务的感受和使用心得，为产品和服务提供建议。A类用户是大众用户的组织者，是用户社群的领袖，对产品和服务进入市场起到了关键作用。

组织可以通过组织A类用户拓展市场，塑造品牌和影响力。具体而言，组织可以使用以下几种方法。

1. 优质内容输出

A类用户常常对某类产品和服务有着较强的专业知识，他们通过输出专业的评价和推荐内容，影响其他用户的购买行为。这些用户不但输出关于某件产品和服务的知识，还输出自己关于行业的独特见解，以及对产品或服务的情感。

一个典型的案例是哔哩哔哩网站著名UP主"老师好我叫何同学"。运营者名叫何世杰，他创立该账号时还是一名在北京邮电大学就读的大学生，拥有695万名粉丝。他制作的视频内容既有对科技产品的专业解读和亲身测试，又有一名理工科学生对通过科技改变世界独有的情怀和浪漫。例如，他曾经录制了一期解读苹果公司早期电脑的视频。他找到了三台生产于20世纪八九十年代的古董级苹果电脑，挨个测试它们的功能，再通过10分钟左右的视频简洁地表达出来。在这段视频中，你可以看到苹果公司的过去和现在。虽然这些电脑已经停产，但是它们的许多功能仍然对现在的电脑有深远的影响。技术的进步有其脉络和传承。由于这些视频的巨大影响力，苹果公司CEO库克还与何世杰进行了一场远程对话。何世杰的视频全部由他自己制作完成，每段都是精品，播放量都在500万次以上，这使他成为哔哩哔哩网站科技数码区最有影响力的UP主之一。

提供产品和服务的公司往往比用户拥有更多的专业知识。这些专业知识如何以通俗易懂的方式传递给用户，是许多公司面临的难题。A类用户既有用户视角，又具备厂商的专业知识，能够带领其他用户理解产品背后的知识、理念及更深的情怀。这是严肃、正式的厂商官方内容难以实现的。

大众点评网通过"达人探店"的形式吸引A类用户去店铺消费、拍照、写菜品点评。这些A类用户在普通用户群体中有较大的号召力，他们的点评会引发大家的跟风行为，从而引发"网红店"的爆火。

现在是内容为王的时代，互联网上充斥着大量的信息，优质的内容更能够吸引用户的眼球，获得推荐和传播。优质内容并无上限，即便是同样的话题，只要采用更加活泼、有深度的制作方式，探究背后更加深入的专业知识，投入更加真诚的情感，就能赢得更多用户的注意力。

在创新的扩散中，罗杰斯描述了一个新产品、新创意从一个小众群体引向大众群体的过程。他指出，一个新产品在一开始总是只有很少的创新者，这些创新者愿意尝试新鲜事物，并且有组建更大的用户群体并向其传播的能力。在这些创新者的引领下，更多的早期使用者开始使用新产品，进而扩散到大众用户和晚期使用者。这些创新者就像星星之火，能够"燃烧"整个用户市场，是用户市场和用户组织的意见领袖。

2. 参与产品共创

2011年1月上线的知乎最初采用分批邀请制，李开复、王兴、王小川、徐小平、马化腾等企业家和风险投资家组成了知乎最早的200名核心用户。这些用户在知乎上线后的40天内创造了8 000个问题和2万个回答。2013年4月，知乎开放注册后，一年内注册用户由40万人增长为400万人。到2020年12月，知乎已有3.15亿个回答，平均月活跃创作者 330 万人。

小米手机最初也是从各专业刷机论坛邀请了 100 名用户参加操作系统内测，发展到如今已经拥有几亿名用户。这 100 名用户在小米手机的操作系统还不完善的时候，就提出了许多专业意见，帮助小米手机不断完善。小米公司一直非常感谢与这批早期用户的共创历程。小米公司特意拍摄了一部纪录片，叫作"100 个梦想赞助人"，还在小米园区竖立了一座雕像，雕像上刻满了这 100 名用户的名字。

在《国家竞争优势（上）》一书中，战略管理学家迈克尔·波特（Michael Porter）指出，内行而挑剔的客户是产业发展的重要刺激因素，有利于激发公司的竞争优势。只要让这些用户得到满足，公司就能轻易满足其他用户的需求。这些用户常常具有前瞻性需求，能帮助公司及早觉察用户需求变化的趋势，改进、完善产品。例如，日本消费者对音响器材的选购非常讲究，有很多信息丰富、货比三家的专业用户影响着日本的音响企业不断改进、开发新的领域，获得在国际上的竞争优势。

3. 组织用户社群

工业时代，厂商和用户之间泾渭分明。用户消费产品或服务，厂商提供产品或服务。用户可能会向身边的朋友推荐产品或服务，但一般是以零散的、缺乏组织的形式推荐的。用户和用户之间缺乏关联，作为整体的用户并没有发挥作用。

小米公司精心组织的用户社群，是小米手机快速崛起的关键。小米公司会打造各种互动活动，拉近用户和公司的距离。例如，同城会让处于同一城市的小米用户能够聚集起来，与工程师互动。在一年一度的盛会"米粉节"上，小米公司把用户聚会变成了新品发布会，创始人和用户一起参加活动。得到大学通过同城活动，主打群体学习和输出学习，形成学习闭环。在三个月的学习中，参与者们会形成良好的校友关系和终身学习者社群。

包政教授指出，社群营销将是营销的终极状态。在社区营销的状态下，消费者和厂商组成了守望相助的社区。消费者不再是被动的信息接受者，而是在厂商的协助下组成自组织的用户社群。组织起来的消费者能够与厂商协同发展。例如，消费者可以帮助厂商改进产品，可以维护自己的权利，可以向其他消费者传递关于产品的信息。A类人才在消费者群体中也发挥着重要的作用。他们是消费者中最有想法、最敢于尝试新产品的群体。公司的新产品和新服务要通过这些A类用户进行传播和扩散。

互联网时代，营销模式的核心在于如何激发一批有很强的组织能力的A类用户，让他们成为公司代言人，传播和扩散公司的新产品和新服务。这些A类人才成为联结组织和广阔的用户市场的关键节点。如果能够用好这些用户，公司就能大幅节省营销成本，用户也能够从中获得益处。

参考文献

....

[1] 彼得·德鲁克.管理：使命、责任、实务（使命篇）[M]. 陈驯，译.北京：机械工业出版社，2019.

[2] 克里斯·阿吉里斯.个性与组织[M]. 郭旭力，鲜红霞，译.北京：中国人民大学出版社，2007.

[3] 曼纽尔·卡斯特.网络社会的崛起[M]. 夏铸九，等译.北京：社会科学文献出版社，2006.

[4] 托马斯·库恩.科学革命的结构[M]. 第四版.金吾伦，胡新和，译.北京：北京大学出版社，2012.

[5] 彼得·德鲁克.公司的概念[M]. 慕凤丽，译.北京：机械工业出版社，2018.

[6] 拉斯洛·博克.重新定义团队：谷歌如何工作[M]. 宋伟，译.北京：中信出版社，2019.

[7] 弗雷德·特纳.数字乌托邦：从反主流文化到赛博文化[M]. 张行舟，译.北京：电子工业出版社，2013.

[8] 安纳利·萨克森宁. 地区优势：硅谷和128公路地区的文化与竞争[M]. 曹蓬，译.上海：上海远东出版社，2000.

[9] B.约瑟夫·派恩，詹姆斯·H. 吉尔摩.体验经济[M]. 珍藏版.毕蒙毅，译.北京：机械工业出版社，2016.

[10] 弗雷德里克·泰勒.科学管理原理[M]. 马风才，译.北京：机械

工业出版社，2021.

［11］ 道格拉斯·麦格雷戈，乔·卡彻·格尔圣菲尔德. 企业的人性面[M]. 经典版. 韩卉，译. 杭州：浙江人民出版社，2017.

［12］ 约翰·R.麦克尼尔，威廉·H.麦克尼尔. 人类之网[M]. 王晋新，宋保军，等译. 北京：北京大学出版社，2011.

［13］ 维克多·黄，格雷格·霍洛维茨. 硅谷生态圈：创新的雨林法则[M]. 诸葛越，许斌，等译. 北京：机械工业出版社，2015.

［14］ 唐纳德·诺曼. 设计心理学2：如何管理复杂[M]. 张磊，译. 北京：中信出版社，2011.

［15］ David R. Shaffer, Katherine Kipp. 发展心理学：儿童与青少年[M]. 第九版. 邹泓，等译. 北京：中国轻工业出版社，2020.

［16］ 9年前，那个轰动全国，从北大退学去技校的人，现在混得如何？[EB/OL]. （2021-04-08）［2021-10-20］. https: //www.sohu. com/a/459589317_650593.

［17］ 黄铁鹰，梁钧平，潘洋. "海底捞"的管理智慧[J]. 商业评论，2009（4）：82-91.

［18］ 周鸿祎. 周鸿祎自述：我的互联网方法论[M]. 北京：中信出版社，2014.

［19］ 埃弗里特·M.罗杰斯，朱笛思·K.拉森. 硅谷热[M]. 李智晖，霍永学，译. 北京：电子工业出版社，2018.

［20］ 腾讯活水计划：建立内部人才流动的市场机制，形成活水文化[EB/OL]. （2018-08-29）［2021-10-20］. https: //www.hbrchina. org/2018-08-29/6384.html.

［21］ 爱德华兹·戴明. 戴明论质量管理[M]. 钟汉清，戴久永，译. 海口：海南出版社，2003.

［22］ 马克斯·韦伯. 经济与社会（第一卷）[M]. 阎克文，译. 上海：上海人民出版社，2019.

［23］ 乔治·梅奥.工业文明的人类问题[M].陆小斌，译.北京：电子工业出版社，2013.

［24］ 黛博拉·安科纳，亨里克·布雷斯曼.外向型团队：如何创建引领潮流的成功队伍[M].唐淼，译.北京：商务印书馆，2009.

［25］ 霍华德·舒尔茨，多莉·琼斯·扬.将心注入[M].文敏，译.北京：中信出版社，2015.

［26］ 廖建文教授深度解码颗粒度经济：精准时代的到来[EB/OL].（2018-11-15）［2021-10-20］.https://www.ckgsb.edu.cn/ee/article/detail/445.

［27］ 杰夫·萨瑟兰.敏捷革命：提升个人创造力与企业效率的全新协作模式[M].蒋宗强，译.北京：中信出版社，2017.

［28］ 布莱恩·阿瑟.技术的本质：技术是什么，它是如何进化的[M].曹东溟，王健，译.杭州：浙江人民出版社，2018.

［29］ 艾里希·弗洛姆.逃避自由[M].刘林海，译.上海：上海译文出版社，2015.

［30］ 布赖恩·罗伯逊.重新定义管理：合弄制改变世界[M].潘千，译.北京：中信出版社，2015.

［31］ 孙晓玲，邱扶东，吴明证.自我复杂性模型研究述评[J].心理科学进展，2007，15（2）：338-343.

［32］ 吉姆·柯林斯.飞轮效应：从优秀到卓越的行动指南[M].李祖滨，译.北京：中信出版社，2020.

［33］ 保罗·纽恩斯，提姆·布锐恩.跨越S曲线：如何突破业绩增长周期[M].崔璐，译.北京：机械工业出版社，2013.

［34］ 里德·霍夫曼，本·卡斯诺瓦.至关重要的关系[M].钱峰，译.北京：北京联合出版公司，2013.

［35］ 亚当·格兰特.离经叛道：不按常理出牌的人如何改变世界[M].修订本.王璐，译.杭州：浙江大学出版社，2021.

［36］ 埃里克·施密特，乔纳森·罗森伯格．重新定义公司：谷歌是如何运营的[M]．靳婷婷，译．北京：中信出版社，2015．

［37］ 约翰·杜尔．这就是OKR：让谷歌、亚马逊实现爆炸性增长的工作法 [M]．曹仰峰，王永贵，译．北京：中信出版社，2018．

［38］ 瑞·达利欧．原则 [M]．刘波，綦相，译．北京：中信出版社，2018．

［39］ 里德·霍夫曼，本·卡斯诺查，克里斯·叶．联盟：互联网时代的人才变革[M]．路蒙佳，译．北京：中信出版社，2015．

［40］ 利恩德·卡尼．蒂姆·库克传：苹果公司的反思与商业的未来 [M]．李世凡，梁德馨，译．北京：中信出版社，2019．

［41］ 罗布·克罗斯，安德鲁·帕克．人际网络的潜在力量：工作在组织中究竟是怎样完成的[M]．刘尔铎，杨小庄，译．北京：商务印书馆，2007．

［42］ 尤瓦尔·赫拉利．人类简史：从动物到上帝[M]．新版．林俊宏，译．北京：中信出版社，2017．

［43］ 库克谈苹果的"使命"：不能做出最好的产品，我们就不做 [EB/OL]．（2019–05–08）［2021–10–20］．http：//www.myzaker.com/article/5cd1c98777ac64632d0d01ab．

［44］ 切斯特·巴纳德．经理人员的职能[M]．王永贵，译．北京：机械工业出版社，2013．

［45］ 赫伯特·马尔库塞．单向度的人：发达工业社会意识形态研究 [M]．刘继，译．上海：上海译文出版社，2014．

［46］ 尼尔·波兹曼．娱乐至死 [M]．章艳，译．北京：中信出版社，2015．

［47］ 迈克尔·波特，竞争战略 [M]．陈丽芳，译．北京：中信出版社，2014．

［48］ 迈克尔·波特．国家竞争优势（上）[M]．李明轩，邱如美，译．

北京：中信出版社，2012.

[49] 菲利普·科特勒，何麻温·卡塔加雅，伊万·塞蒂亚万.营销革命3.0：从价值到价值观的营销 [M]. 毕崇毅，译.北京：机械工业出版社，2019.

[50] 包政.营销的本质[M].珍藏版.北京：机械工业出版社，2019.

[51] 秦弋.愿景的力量[J].中国人力资源开发，2013（16）：98–103.

[52] 艾迪·尹.超级用户：低成本、持续获客手段与赢利战略[M].王喆，余宁，译.北京：中信出版社，2017.

[53] Baker T, Nelson R E. Creating Something from Nothing：Resource Construction through Entrepreneurial Bricolage[J]. Administrative Science Quarterly, 2005, 50（3）：329–366.

[54] Brown M E , Gioia D A. Making things click：Distributive leadership in an online division of an offline organization[J]. Leadership Quarterly, 2002, 13（4）：397–419.

[55] Ernest O'Boyle, Herman Aguinis. The Best and The Rest：Revisiting the Norm of Normality of Individual Performance[J]. Personnel Psychology, 2012, 65（1）.

[56] Hamel G . First, Let's Fire All the Managers[J]. Harvard Business Review, 2011, 37.

[57] Herman Aguinis, Ernest O'Boyle Jr.. Star Performers in Twenty-First-Century Organizations[J]. Personnel Psychology, 2014, 67（2）.

[58] Jeanneret P R , Strong M H. Linking Job Analysis Information to Job Requirement Predictors：An O*net Application[J]. Personnel Psychology, 2003, 56（2）

[59] Parker, Sharon K. Enhancing Role Breadth Self-Efficacy：The Roles of Job Enrichment and Other Organizational Interventions.[J]. Journal of Applied Psychology, 1998, 83（6）：835–852.

后记　打破"996"的职场魔咒

．．．．．．．．．．．．．．．．．．．．

2019年，马云发表了"'996'是福报"的观点，他认为从早上九点工作到晚上九点，每周六天的高强度工作是一种巨大的福报。这一观点在网络上一时间引发了激烈的争论。有些人认为，在这个竞争激烈的社会，每个人都渴望过上美好的生活，只有付出超出常人的努力，才能获得想要的成功。有些人认为，人需要有私人时间，需要在工作和生活中保持平衡，才能更有创造力。

"996"已然成为一种"魔咒"，每个人都想打破这种疲惫的生活状态，都想过更加舒适的生活。但是，面临激烈的竞争，面临每天的生活和工作压力，人们总也打不破这个魔咒。每天忙忙碌碌，朝九晚九地辛苦工作，"福报"却没有到来。一种观点认为，要想破解"996"魔咒，要靠投资理财、买房炒股。在资本面前，个人创造的价值是不值一提的。因此，有些人沉迷于各种投资，想要一夜致富，过上轻松的生活。然而，只有很少的人能够投资成功。并且投资并不一定能带来充实、有价值的人生。纵然一个人通过投资过上了财富自由的生活，如果不能在工作和生活中找到价值感和意义感，他的人生只会从"996"的忙碌转向另一个极端：空虚、无聊，不知道自己应该做什么。

关于"'996'是福报"的争论，实质上反映了人们正在经历一个重新反思工作意义的时代。"996"现象的背后，反映的是随着经济的增长，人们不希望被固化在一种职业身份中，成为组织架构上的一个螺丝钉，而是希望拥有更加多元、丰富的角色，成为理想的自己。每个人都希望拥有多面的人生，白天是在办公室里认真工作的白领，晚上可能是在酒吧里放飞自我的乐队歌手。法国哲学家萨特的存在主义哲学认为，人和物的最大区别在于，物的功能是固定的，而人的功能是不固定的，人可以根据自己的意志，让自己发挥各种可能的价值。每个人都希望达到这样的状态：充分发挥自己的价值，探索自我的各种可能性，让自己真正成为人。这也是关于"996"争论背后的本质问题。因此，要想打破"996"魔咒，最终还是要回归到一个核心问题：如何打破限制，让个体创造更大的价值？

在组织社会，科学管理和科层制组织的初衷原本是让个体发挥更大的价值。泰勒的科学管理旨在总结工人的最佳实践，让工人按照最佳标准工作，发挥最大的能力。而分工严密、理性秩序的科层制组织也曾经建立了辉煌的工业文明，它让个体的力量高效地协同起来，从而大幅提高了劳动生产的效率。然而，工业时代对个体有着深深的疑虑，认为个体不知道应该如何发挥自己的价值，需要一个集权的管理层来总结、提炼、设计，让个体按照规定的工作范围和工作标准去工作，成为组织所期待的最优秀的个体，这样才能发挥最大的价值。如果真的有这种全知全能的管理层存在，组织中的每个人只需要听从指令，努力工作，付出超出常人的努力，就能获得"996"的福报。

然而，在网络社会，这种只靠努力工作就能获得"'996'福报"的机会已经越来越少，根本原因在于，在这个快速变化、高度复杂的时代，越来越少的公司能够拥有全知全能的管理层，组织不得不依靠越来越多由分布式个体智慧形成的创新网络来应对这个复杂多变的时代。创新网络并不是彻底打破科层制组织架构，而是让组织乃至社会进化到一种网络和等级混合的状态。组织中的每个人既有自己可以立足的身份或社会角色，又处在灵活、创新的社会网络中，拥有灵活变化的可能性。这是未来组织进化的方向，也是未来每个人生活的状态。

庄子在《渔父》一文中，借一位打鱼的老人与孔子的对话指出，如果社会上每个人都能摆正自己的位置，就不会出现混乱和侵扰。孔子之所以终日奔波却一事无成，是因为他没有一个社会角色能够发挥自己的价值。这个故事点破了科层制组织无法彻底被推翻的根源：每个人都需要一个社会身份作为支点来发挥自己的价值，不然就名不正言不顺。在职场上，我们见到许多人不断切换自己的身份，换了许多不同的工作，最终仍然一事无成，这是因为他们没有一个可以长期持续积累的社会角色，社会不知道应该对他们有怎样的预期，应该如何与他们进行互动。然而，当人们拥有一定的社会身份后，又往往容易陷入身份对自己角色的限定，这就需要人们能够接入跨界多元的创新网络，打破身份的限制，从而创造更大的价值。这就是 A 类人才的本质。A 类人才是一种在身份和网络之间、专一和跨界之间均衡的智慧。在这个世界上，大部分事物的功能都是固定的，唯有人类的大脑，既有固定的功能分区，又是一张彼此连通、作为一个整体高度协作的神经网络，这是人类灵性和创造力的根源，而 A 类人才正是能够唤醒深藏在人们内心深处的潜能的一群人。

感谢大家和我们一起探索 A 类人才的本质。在本书中，我们从 A 类人才作为一种硅谷现象出发，提出了 A 类人才是那些不受身份限制，能够创造巨大价值的人才。然后，我们讲述了中国情境下 A 类人才的特点。接着，我们对 A 类人才所处的创新网络环境和 A 类人才的三种价值创造能力进行了深度解读，并从职业生涯发展、人力资源管理、组织管理和市场营销四个层面，展示了 A 类人才是如何帮助公司解决实际问题的。本书所提供的通用 A 类人才模型只是一个起点。未来，我们还将探索在各个细分领域如何运用 A 类人才视角，结合各个垂直领域的特点，推动产业创新、公司发展和个人成长。我们期待和大家一起，持续推动A类人才时代的到来，让每个个体都能拥有自由、自尊、幸福的人生。

最后，让我们用这句话作为全书的结束：A类人才是一种觉醒的状态，是不断打破职业生涯瓶颈的个体探索者，是超越组织层级和职能约束的价值创造者，是打破功能和身份固定规则，不断探索产品新用途的超级用户。